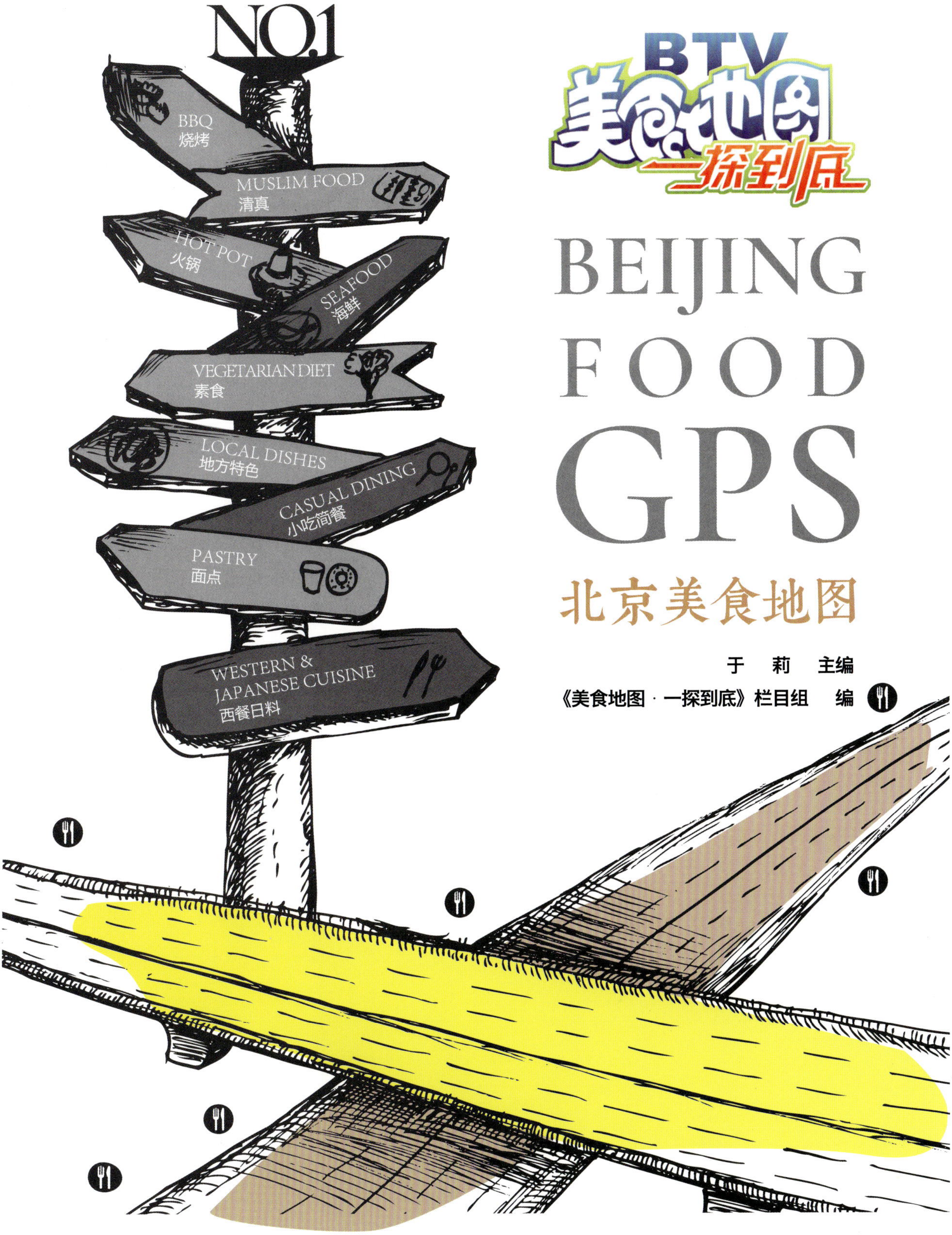


BTV 美食地图 一探到底

# BEIJING FOOD GPS

# 北京美食地图

于　莉　主编
《美食地图·一探到底》栏目组　编

中国商业出版社

## 图书在版编目（CIP）数据

北京美食地图 / 于莉主编；《美食地图·一探到底》栏目组编. -- 北京：中国商业出版社，2017.10

ISBN 978-7-5208-0080-8

Ⅰ.①北… Ⅱ.①于… ②美… Ⅲ.①餐馆—介绍—北京 Ⅳ.①F719.3

中国版本图书馆CIP数据核字(2017)第236385号

## 北京美食地图

责任编辑：刘万庆
装帧设计：邓芝蛟

中国商业出版社出版发行
010-63180647
www.c-cbook.com
新华书店经销
北京旺都印务有限公司印刷
规　格：889×1194
开　本：16
印　张：14.25
字　数：100千字
版　次：2017年10月第1版
印　次：2017年10月第1次
ISBN 978-7-5208-0080-8

定　价：120.00 元
（如有印刷质量问题可更换）

### 主　编
于　莉

### 执行主编
萧宫月美

### 策　划
赵　彤　白艳军　任友红
齐学耕　赵峥铮

### 特约编辑
李　威　姜　瑾　厉瑞艳　郑　浩　陆　曦
黄　磊　穆嘉毓　冼　铎　贾露蒙　高晶晶
左天培　张　虓　赵晓君　石　笑　梁　祝
孟　莹　孟　晨　孟　蕊　董　斌　王国秀
宋　磊　路增辉　马　征　孙明杰　隋佳蓉
章　晨　胡　雪　宋　佳　董　魁　邹旭龙
谢礼莲　霍文硕　王　蕾　叶常青　赵　禅
张大庆　魏　艳　冯白垚　李张旻子

### 顾　问
佟长友　牛金生　周继祥　艾广富
王者嵩　褚宏镲　胡　浩　樊京鲁

# 序

食者，美也。古往今来，食物是人间万物之首的追求。而把美与食相融合，又是人间对食物需求升华的体现。

2014年，一档全新的美食节目《美食地图·一探到底》在北京生活频道登陆，以"大家的美食地图，吃货的晋级导航"作为节目定位和理念，在寻找美食线索中探寻美食背后的人物故事、历史缘由、地方特色及文化，为观众提供可信、可靠的美食指南。栏目开播至今三年多，不仅力求站在客观的立场为观众介绍美食、评价美食、推荐美食，而且还经常邀请电视机前的观众一起去店内品尝，增加了节目的亲和力和可信度。《美食地图·一探到底》一经播出，受到了百姓的好评，成为京城百姓必看的节目之一，成功地奠定了栏目在美食圈和百姓心中不可动摇的地位。

中国从不缺少美食，缺少的是善于发现美食的人。《美食地图·一探到底》不但为百姓锁定了美食所在地，也培养出一个优秀的节目团队。他们在寻找美食的小径上奔走，很辛苦也很勤奋，在三年多的时间里为广大食客搜罗和探索到了北京地界上2000多家各具特色的餐馆、多种独具匠心的食材，让喜爱美食的观众足不出户就能从节目中分享心得，让美食淘洗于舌尖，积淀在心头。

"民以食为天"。对美食的种种追求和讲究，代表了人们对生活的热爱。社会精英有自己的美食文化、饮食习惯和仪式，寻常百姓也有自己对美味独有的执着。美食是生活观念和生活方式外化的一种表现形式，透过对美食文化的探寻，我们能够看到我们的文化传统里所包含的人与自然的和谐之观念和对美好生活的向往和眷恋。

今天，看到《美食地图·一探到底》栏目组从2000多家店里甄选了100家特色店家汇集成册，按海鲜、清真、火锅、烧烤、地方特色、西餐日料、小吃简餐、面点、素食九大板块分门别类、刊布于册，便于大家一目了然地了解店家及其招牌菜、登门寻味。更为体贴的是，书中真有"黄金屋"！

相信，本就深藏美味的好店，在栏目组一探究竟中，将会与众展示一份"不虚此行"之礼！

中国烹饪协会会长

2017年9月

# 前言

民以食为天。对于中国人来说，吃，是一件很重要的事。上到宫廷御膳，下到家常小吃，有雅也有俗；简到粗粮面饼，精到刻图雕花，有粗也有细。每一种美食，都散发着独特的魅力，都蕴含着丰富的文化，都吸引着万千的吃货。

"吃什么？在哪吃？怎么吃？所有人都曾被这三个问题困扰过，《美食地图·一探到底》就是大家的就餐指南；而作为一个合格的吃货，怎么能吃得更有品味、在朋友圈更有权威？《美食地图·一探到底》就是他们的晋级导航。

《美食地图·一探到底》自2014年8月18日在北京电视台生活频道开播，是北京地区唯一一档美食探店调查类电视节目。三年多来，美食侦探们几乎走遍了北京城的大街小巷，寻美食、尝美食、探美食，以真诚的态度、真实的调查、"真探"的形式，还给大家美食人气火爆、口味独特的真相。而且，这些美食观众不但看得见，还能吃得着！每期节目中的每家餐厅，都会为观众提供店里的招牌美食作为免单美食福利，不但让爱吃的观众更会吃，也更"惠"吃。

现在，《美食地图·一探到底》要为大家呈上开播三年多来最大的福利，就是此本《北京美食地图》！这也是一本集"汇吃、会吃、惠吃"三位一体的超值奉献！

《北京美食地图》汇聚了京城各类风味的餐厅，海鲜、清真、素食、烧烤、火锅、面点、西餐日料……众多美食分门别类，让您按图索骥，轻松找到自己的最爱。

《北京美食地图》，是一张直奔主题的美食地图，让普通的美食爱好者升级为吃货，让吃货继续晋级。我们特别挑选出每家餐厅的招牌菜推荐给您，图文并茂，省去您看菜单不知道点哪道菜的烦恼。同时，还归纳整理了节目中探寻过的北京各类美食中的佼佼者，有地址、有电话，您想吃就可以随时走起。

有价值的图书搭配有魅力的美食，相信一定能助您成为一位懂美食、会生活、有品位的高级吃货！

《美食地图·一探到底》栏目组<br>
2017年9月

# 《美食地图·一探到底》栏目简介

"大家的美食地图,吃货的晋级导航!"

《美食地图·一探到底》是BTV生活频道一档美食调查类节目,旨在调查美食背后的真相;以美食侦探的视角推介美食,以真诚的态度、真实的调查、"真探"的形式,还大众以美食火爆、口味独特的真相;节目不但让爱吃的人更会吃,也更"惠"吃。

2015年平均收视1.17%,单期收视最高达2.25%;2016年平均收视0.94%,单期收视最高达2.05%,稳居生活频道收视前三名,多次获得北京电视台优秀作品奖、节目创新奖。截止到2016年底,节目微信平台粉丝数量已经突破71万,每天活跃粉丝在5万人左右。

《美食地图·一探到底》作为北京地区唯一的一档餐厅推荐类栏目,在餐厅选择上执行严格的选题标准,使美食呈现上更加公正、客观,真实可信。开播近三年时间,播出餐厅档口2000余家,在京城观众心中有较高的公信力和权威性,成为京城百姓权威的就餐指南。

《美食地图·一探到底》栏目曾多次被业内专家选为教学范本,栏目主要有三大亮点:第一,画面精美,制作精良。第二,勇于创新,互动性强,依托于71万微信粉丝,栏目建立粉丝资源库,并发起"吃货团""美食侦探粉丝饭局""美食小侦探"等多项线上线下活动。第三,实惠到底,服务性强,每期节目通过扫描二维码抽奖、摇一摇等方式送出大量免单美食,每周五节目增加一家"到底价"餐厅,观众看节目将以最实惠的价格到餐厅就餐。看节目送福利已成为栏目的独特符号,真正做到利民惠民,在观众中获得广泛好评。

**北京电视台生活频道,周一至周五20:30**
**侦探热线:96168**

# 于 莉

中文系硕士研究生毕业，1997年进入电视行业。曾做过新闻、专题、娱乐、竞技游戏、民生资讯等多种电视节目，2014年开始创办BTV生活《美食地图·一探到底》。作为美食节目制片人，却是一个素食爱好者，面对色彩斑斓、令人垂涎欲滴的美食，对美食的第一认识更冷静、更客观。精心制作一本美食地图，真心地为观众做餐饮导航，也是自己20年电视工作的一份纪念。

# CONTENTS

## 1 SEAFOOD 海鲜

P.003-- 潮汕小馆
P.005-- 卫岗龙宫
P.007-- 唐宫
P.009-- 新加坡海鲜
P.011-- 尹府海鲜自助餐厅
P.013-- 龙船人

## 2 MUSLIM FOOD 清真

P.017-- 满恒记
P.019-- 老诚伊羊蝎子火锅
P.021-- 羊都府
P.023-- 滩羊铺子
P.025-- 安记熟食
P.027-- 鸦儿李记
P.029-- 老西直门烩面
P.031-- 老回回小吃

## 3 HOT POT 火锅

P.035-- 常赢三兄弟
P.037-- 简阳羊肉汤火锅
P.039-- 北平三兄弟
P.041-- 束河人家
P.043-- 老门框爆肚涮肉
P.045-- 康二姐串串香
P.047-- 正兴斋
P.049-- 李嘉嘉串串香
P.051-- 古铜老院爆肚涮肉
P.053-- 京南第一涮
P.055-- 林记顺合牛肉火锅

## 4 BBQ 烧烤

P.059-- 独一味万州烤鱼
P.061-- 喜肉膳微烤肉
P.063-- 烤天下酒吧文化烧烤
P.065-- 烤烤餐厅
P.067-- 猫师傅
P.069-- 不是烧烤
P.071-- 百渡膳食烤肉店
P.073-- 烤+

## 5 LOCAL DISHES 地方特色

P.077-- 路家小馆
P.079-- 辣猫龙虾
P.081-- 九朝会
P.083-- 骨气鼓气
P.085-- 肠王德诚通卤煮
P.087-- 德和斋
P.089-- 香花村海鲜楼
P.091-- 皇城小院
P.093-- 娄三少春饼
P.095-- 正月十五东北农家院
P.097-- 宣南居
P.099-- 知岳印巷
P.101-- 奥华餐厅
P.103-- 辉佐参鸡汤
P.105-- 溢香阁
P.107-- 齐家陕菜
P.109-- 湘九
P.111-- 羲和雅苑
P.113-- 旺顺阁鱼头泡饼
P.115-- 兰溪小馆
P.117-- 惠丰堂饭庄

# 目录

P.119-- 懂事儿
P.121-- 表妹香港靓点餐厅
P.123-- 孔乙己后海店
P.125-- 麦家小馆
P.127-- 故香思
P.129-- 秦烹小院
P.131-- 朋源来酒楼
P.133-- 70后鱼馆
P.135-- 天毓山庄
P.137-- 粤港城餐厅
P.139-- 泉味·道
P.141-- 江君府
P.143-- 潮粥荟
P.145-- 鼎香润

P.175-- 起司家
P.177-- 来趣黑椒厨房
P.179-- 年年余老坛酸菜鱼
P.181-- 薄皮儿饺子铺
P.183-- 海盗虾饭
P.185-- 章记餐厅
P.187-- 京知味炸鸡
P.189-- 优粮生活
P.191-- 七爷清汤腩

## 6 WESTERN & JAPANESE CUISINE
### 西餐日料

P.149-- 格鲁·秀色
P.151-- 本垒美式烤肉
P.153-- Linlin's Farm田园餐厅
P.155-- 京樱日本料理
P.157-- 北德风尚啤酒坊
P.159-- 印象山庄

## 8 PASTRY
### 面点

P.195-- 宫门口馒头铺
P.197-- 煎师傅灌汤煎包
P.199-- 满姐饺子
P.201-- 曲家饺子
P.203-- 韦老俵
P.205-- 园宝饺子
P.207-- 鼎泰丰
P.209-- 大内包子

## 9 VEGETARIAN DIET
### 素食

P.213-- 素直餐厅
P.215-- 莲花空间
P.217-- 斋香园

## 7 CASUAL DINING
### 小吃简餐

P.163-- 难得馄饨
P.165-- 道口烧鸡
P.167-- 勾魂凉皮
P.169-- 陈亨卤煮小肠
P.171-- 安客葱鸡
P.173-- 半亩园

后记

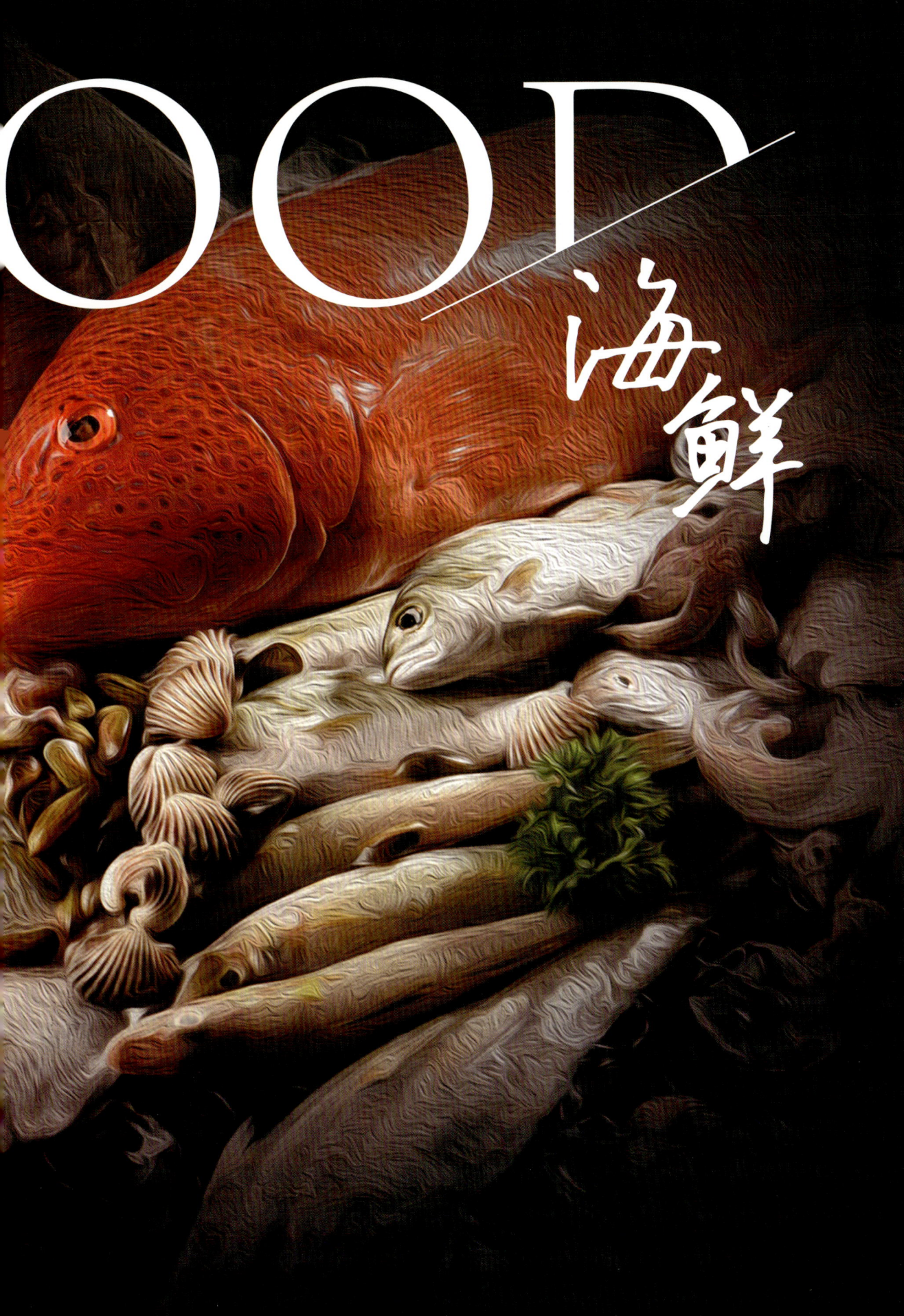

福龙潮汕小馆创始于2006年,一直秉承潮汕饮食文化的传统。以潮汕海鲜为特色,时令海鲜直接从汕头专人采购空运至京。潮汕菜风味自成体系,烹饪手法多样,尤以烹制海鲜见长,注重原汁原味,崇尚口味清淡。

海鲜招牌菜:潮汕冻乌鱼饭、红目鳞鱼饭、巴浪鱼饭、潮汕冻红蟹、时令金不换炒薄壳、豆酱煮"就捞"小海鱼、白灼本港钓鱿鱼、盐水煮英歌鱼、斗鲳炆吊瓜、冬菜蒸伍笋、酸梅蒸黄堤、豉油水煮殿鱼、半煎煮钓鲤、豆酱焗汕头青蟹、杜龙鱼煲苦瓜汤、生米煮砂锅虾蟹粥。

地址:北京朝阳区光华路丙12号数码01大厦2层
电话:010-65015688

## 纸包豆腐

本店手工菜之一,外酥里嫩,让入口即化的蛋清和豆腐混合上虾、肉的鲜香,别有一番滋味。再配上潮汕特产山楂糕口味更加。

FULONG RESTAURANT 福龍 潮汕小馆

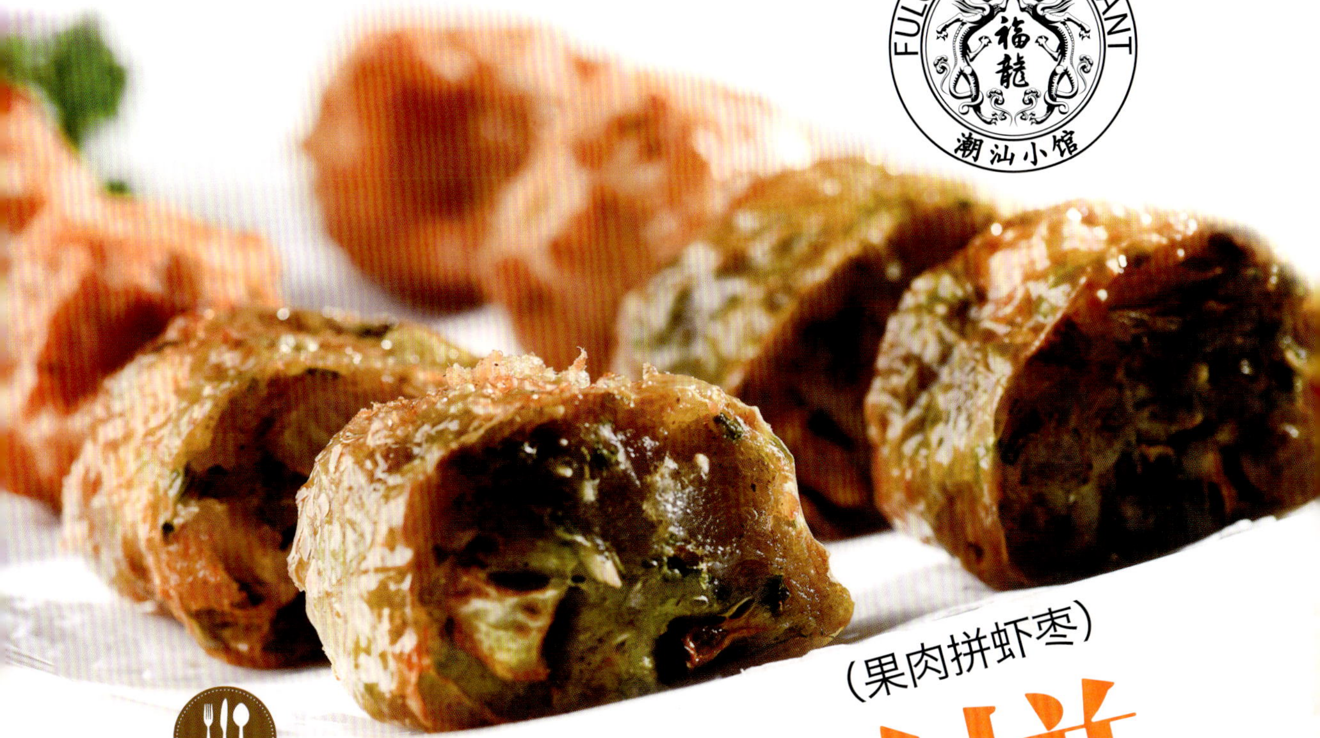

# 干炸双拼（果肉拼虾枣）

著名潮菜（手工菜），本店必点招牌菜。

老潮厨亲自主理调配，粒粒用心纯手工制作。老一辈潮厨言传身教，传授保留下来。简单食材，重在味的调配与火候的掌握，才能使一道好菜品还保持旧时的味道。

## 普宁炸豆腐

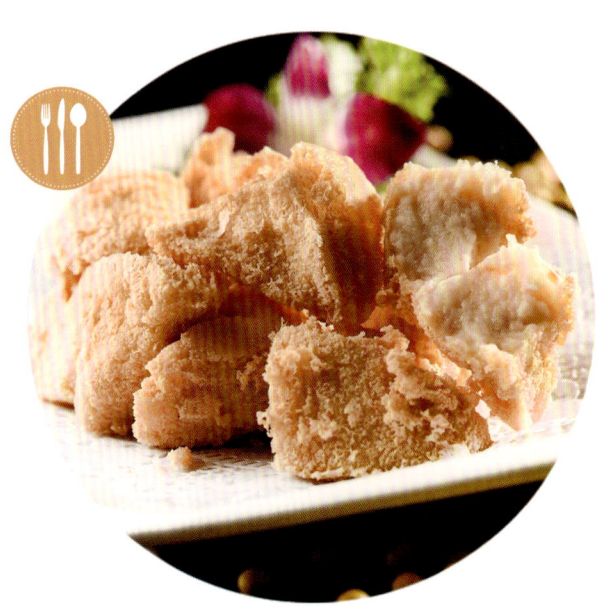

潮汕普宁特产，潮汕菜保留菜品，本店必点招牌菜。

素食，营养丰富，促消化，清洁肠胃，降糖降脂。外酥脆，里嫩滑，酌以韭菜、盐水更加好味。当你品尝豆腐时觉得没啥特别之处，但它酌上韭菜、盐水时，一口特别的味道让你提起食欲，停不下筷子。

豆腐原产地空运至京，件件都是当地手艺人手工制作，保持两地同味，让您品尝到潮汕的味道。

南京卫岗龙宫于2001年成立于南京，是一家以经营小龙虾为主打产品的特色餐饮品牌。自创立以来，我们在原有的十三香龙虾、盐水龙虾基础上相继研发了特色蒜香龙虾、干煸龙虾、麻辣龙虾、酱骨龙虾、香辣龙虾等口味的菜品，深受食客们的喜爱。2016年，我们资深的研发团队通过不断努力尝试，创新出更具特色的功夫龙虾，每位新老食客户品尝后都赞不绝口。每年的各大龙虾烹饪竞赛中，龙宫龙虾均独拔头筹，屡获"金牌龙虾奖""最佳创意奖""最佳特色奖""最佳口味奖"等各种奖项，南京坊间更是口耳相传着"吃龙虾到龙宫"的口号。龙宫团队一直在用优秀的产品、优质的服务、积极的态度回馈着广大食客。

南京卫岗龙宫是您以及您的家人、朋友、同事就餐的极佳之选！

蒜香龙虾

采用山东省济宁市金乡县大蒜，大蒜具有杀菌、排毒清肠、预防肿瘤等功效，这道美食将大蒜与龙虾结合在一起的味道更是赞不绝口。将大蒜粉碎成蒜泥状，均匀铺在龙虾上面，然后放盐和加热煮熟后的油，随着油渗入龙虾里，吃、闻都会有蒜蓉香。真正的吮指鲜，家常辅料，清香口感，还原龙虾最真实的原汁原味。

# 南京卫岗龙宫
### THE DRAGON KING'S PALACE

📍 地址：北京东城区东直门内大街288-5号
☎ 电话：010-84077800

📍 地址：北京海淀区农大南路1号华联商厦四楼
☎ 电话：010-62667693

## 激情椒麻鱼

　　一盆被誉为让舌尖跳舞的鱼，大厨精选有机养生黑鱼。活鱼现杀，快刀切片，薄如蝉翼，让每片鱼肉都鲜爽鲜滑，晶莹剔透，雪白的鱼片窜进秘制高汤和黄姜、绿葱、红椒肆意畅游，再放入被热油特调的四川花椒，撒上口齿留香的白芝麻，整盆鱼配色考究，还未入口就香麻四溢，食欲大开。鱼片进入口中花椒独有的浓香狠狠侵入鱼肉，麻而不燥，振奋神经，继而鱼的鲜香又直冲味蕾，这样层次丰富的味觉体验定会让您欲罢不能，回味无穷。

## 唐宫平价海鲜

得益于集团连锁经营的优势,采购专员长期镇守各大海鲜产地,同时联合国外采购资源,积极搜罗世界各地名优海产、野生海鲜,批量采购并每天空运抵达各店。不但保证了唐宫海鲜的生鲜程度,也免去了市场上层层转批的中间环节,大大降低采购成本,以最优惠的价格在门店出售,让唐宫食客得到实惠。

结合粤菜的烹调技法进行创意料理,大胆创新却又恰到好处,在保持海鲜本身的"原味"之余,又将其"鲜"味发挥得淋漓尽致,美不胜收。

## 唐宫养生炖汤

唐宫养生炖汤遵循春生夏长、秋收冬藏的养生法则,或清润、或滋补。以此顺应各个季节的健康饮食需求。优质的汤料、优质矿泉水,经过九道工序、历时6小时精心炖制。炖成的汤水不含味精、汤色清澈透亮、无油腻、鲜甜香浓、原汁原味。唐宫炖汤因其制作工序繁琐,每日只能限量供应,售完即止。

 望京店:北京市朝阳区望京阜通东大街6号院4号楼三楼　　电话:010-84785198
大悦城店:北京市朝阳区朝阳北路101号朝阳大悦城9楼　　电话:010-85563488
丰联店:北京市朝阳区朝阳门外大街18号丰联广场B楼四层电话:010-65889388

## 香港唐宫饮食集团

香港唐宫饮食集团创立于1992年，是国内知名的连锁饮食企业。旗下有"唐宫海鲜舫"、"唐宫壹号"、"唐宫"、"忍者居"、"胡椒厨房"、"金爸爸"、"唐宫小聚"、"唐宫茶点"等品牌。主营各式宴会、海鲜粤菜、港式茶点、中式简餐、日式快餐、日本料理和特色休闲餐。截至2015年10月，唐宫集团在一、二线城市共开设餐厅62家，上海自设一个食品厂。

唐宫出品以创意粤菜、平价海鲜、养生炖汤、港式点心四大特色著称，从家常小菜到饕餮盛宴，从家庭小聚到大型宴会，无论选择让人爱不释手的港式茶点，还是品尝珍馐百味、海鲜珍品，唐宫总能如你所愿，却又轻松随意，丰俭由人。

是最让人最无法割舍的美味。乳鸽上桌，通体金黄，满屋飘香，用手轻轻掰扯，酥脆的皮层猛地蹦裂开来，鲜香的汁水缓缓流出，轻轻咬上一口，皮脆、骨酥、肉香、嫩滑……这是一道荣获过"中国名菜"、"上海名菜"、"百佳榜首招牌菜"、"乳鸽靓天王"、"新上海派人气菜"等诸多大奖的名菜。

### 唐宫金奖乳鸽

# HONG KONG
# TANG PALACE FOOD

由同乐海鲜和羲和集团合作开办。成立于1984年的同乐餐饮是在新加坡股票交易所上市的餐饮企业。集团拥有并管理超过40家餐厅，门店遍布新加坡、中国、日本和印度尼西亚。以新加坡海鲜做餐厅命名，则是简单直接地告诉消费者，这里做的就是正宗的新加坡海鲜。

其中，同乐海鲜餐厅是同乐品牌的高质量和标准的代名词。同乐致力于推出高品质的烹饪作品，培养高素质的餐饮业人才，提高中餐在国际餐饮业的地位和影响力。这三位一体的宗旨让同乐在国际餐饮世界荣获无数殊荣。

## 芒果丝酸辣酱浸彩虹雕鱼

一道不折不扣的新加坡名菜。彩虹雕鱼呈粉红色，肉质细嫩甜美，酥炸之后口感独特。酸辣酱以香菜、姜花、蒜头、青柠檬为主料，酸甜可口，令人胃口大开。芒果丝的点缀更是令人十分惊喜，深受顾客喜爱。

# 星洲辣椒螃蟹

星洲辣椒螃蟹可以算得上是新加坡的一道国菜。新加坡海鲜在传统技法基础上进行创新，让这道菜更加汁浓味美。厨师在秘制酱汁当中加入了澳橙，水果香气若隐若现，这样的味道是新加坡同乐集团的独特创意。另外，我们将新鲜的姜花从新加坡带到北京，利用24个小时充分烘干，在去除螃蟹寒气的同时不会带来浓重的姜味。再加上上汤焗蒸的手法让蟹肉充分吸收了汤汁的精华，用新加坡传统的蛋花勾芡的方式，使糖汁鲜香浓郁。配上炸得金黄酥脆的小馒头蘸汁来吃，令人拍案称绝，一口置身新加坡。

**侨福芳草地店**：北京朝阳东大桥路9号侨福芳草地C座1层　　电话：010-85188811

**国贸店**：北京建国门外大街1号国贸商城北区NL4010　　电话：010-85950251

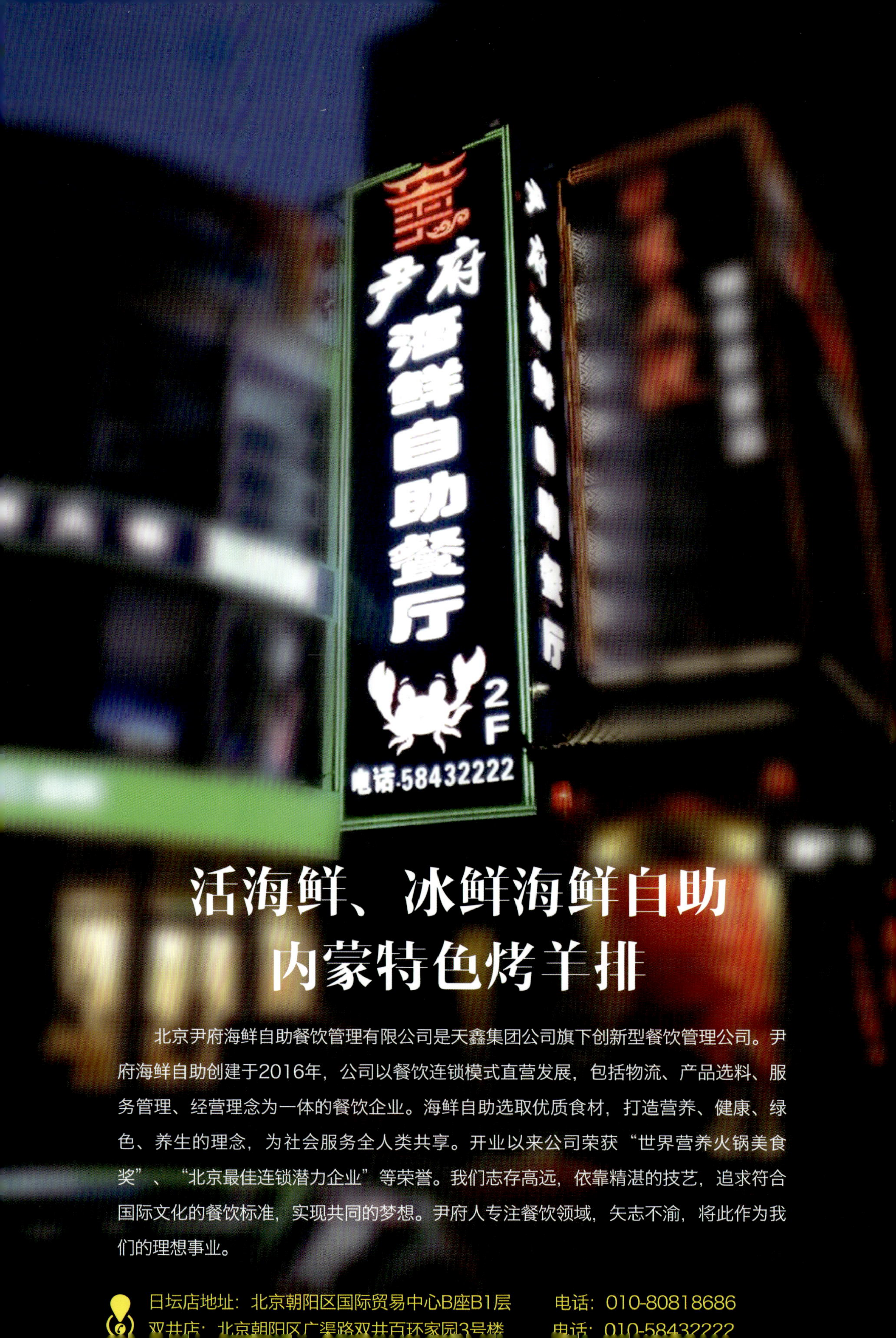
尹府
海鲜自助餐厅
2F
电话:58432222
活海鲜、冰鲜海鲜自助
内蒙特色烤羊排
北京尹府海鲜自助餐饮管理有限公司是天鑫集团公司旗下创新型餐饮管理公司。尹府海鲜自助创建于2016年，公司以餐饮连锁模式直营发展，包括物流、产品选料、服务管理、经营理念为一体的餐饮企业。海鲜自助选取优质食材，打造营养、健康、绿色、养生的理念，为社会服务全人类共享。开业以来公司荣获“世界营养火锅美食奖”、“北京最佳连锁潜力企业”等荣誉。我们志存高远，依靠精湛的技艺，追求符合国际文化的餐饮标准，实现共同的梦想。尹府人专注餐饮领域，矢志不渝，将此作为我们的理想事业。
日坛店地址：北京朝阳区国际贸易中心B座B1层 电话：010-80818686
双井店：北京朝阳区广渠路双井百环家园3号楼 电话：010-58432222

俄罗斯玛珈丹虾、法国红酒、提拉米苏、内蒙草原牛羊肉、烤羊排、手扒肉牛排,各种烧烤、铁板烧,还有各种蔬菜、小料、涮品、时令水果等…

尹府餐饮

羊肉是助元阳、补精血、疗肺虚、益劳损之佳品,是一种优良的温补强壮剂。烤羊排又是本店特色,羊排鲜、香、脆、嫩,口感极佳。

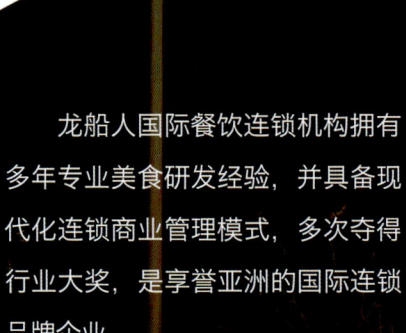

龙船人国际餐饮连锁机构拥有多年专业美食研发经验，并具备现代化连锁商业管理模式，多次夺得行业大奖，是享誉亚洲的国际连锁品牌企业。

被中国食文化研究会授予"中国餐饮文化名店"及"中国餐饮文化特色店"称号，所有菜品融汇了中国各大菜系之精华，形成了独特的主题风格。选料考究，中西合璧，南北贯通，主要特色有海参水饺、一品鲅鱼水饺、渔家特色贝类菜品，令人吃后回味悠长。由于海鲜品质上乘、口味诱人、绿色健康，曾有人用顺口溜赞誉我们"走进龙船人，快乐又健康，一旦食美味，数日荡回肠"。

地址：北京海淀区太舟坞408号
电话：010-62481002 / 62486268

## 砂锅碟鱼头

是传统的汉族名菜。鱼脑中含有丰富的营养,采用砂锅工艺,口味咸鲜,味道清香,肉质鲜嫩,汁浓味鲜,鲜而不腥,肥而不腻。

## 蜜汁麻山药

是一道名贵的汉族小吃,属于鲁菜系。蜜汁,用蜂蜜调味,色红亮、质绵软,是山东菜的一大特色,多用于配套筵席。山药被誉为补虚佳品,具有健脾益胃、滋阴益精、润肺止咳、降低血糖、延年益寿等作用。

## 脆瓜螺片

选用有机荷兰小黄瓜,古法石器压制脱水,口感爽脆,散养黑猪肉肉末,烟台中螺Q感十足、脆嫩鲜活,营养价值更是不胜枚举。

## 炭火铜锅涮羊肉

顶级牧区苏尼特羔羊肉（国家地理标志保护产品）号称"肉中人参"，曾是元、明、清朝皇宫贡品，也是北京"东来顺"涮羊肉馆专用羊肉。搭配传统紫铜炭火锅，敬畏传统，恪守传承！

## 老汤焖苏尼特羔羊尾尖

这才是蒙古王最爱的羊蝎子，每只苏尼特羔羊只取二两精华。由于苏尼特羔羊品质优良只有肉香没有膻气，故烹调方法极为简单，只需用四川汉源的花椒、甘肃玉门的小茴香、加几片广西的香叶和老北京传统的黄豆酿造酱油，最后加入苏尼特羔羊棒骨吊的老汤焖制即可。充分保留苏尼特羊肉的原汁原味，老少皆宜，营养美味。

店主满德春（二哥），老北京牛街穆斯林，自上世纪80年代中期开始做牛羊肉生意，是北京牛街最早一批经营内蒙古草原牛羊肉生意的商户。羊肉是深受京城百姓喜爱的肉食品之一，尤其是以北京牛街回民烹调的最为出名。所以顺理成章，"二哥"于新世纪初期，在赵登禹路口开办了北京满恒记，主营老北京木炭羊肉火锅。解放前因为路途较远，内蒙古产地苏尼特羔羊需经长途跋涉才能运抵京城。有一种直接深入到产区收购苏尼特羔羊并赶运羊到京城的人叫做"旅蒙客"。

为了让京城百姓和全国的食客们以最实惠的价格品尝到最顶级的苏尼特羔羊肉，满恒记开始重做"旅蒙客"、重走"赶运羊之路"。

地址：北京市西城区平安里西大街14号（赵登禹路口西南角）
电话：010-66517188/66126825

北京老诚伊餐饮管理集团是北京市知名餐饮企业，以直营加合作的模式，在国内已开设近百家店铺。在企业各个部门的努力下，现已发展成以技术标准化，配方标准化，店铺标准化为一体的综合性餐饮集团。

多年来，企业以诚信经营为基础，以"因时而变，因地而变，永续经营"的理念，着力打造"老诚伊"餐饮品牌，把顾客的满意度作为企业发展的方向，给顾客带来愉悦的用餐体验与高品质的享受。以"弘扬北京饮食文化，把绿色健康的饮食理念融入传统美食"为企业宗旨。

**崇文门东花市店：** 北京东城区东花市大街47号
电话：010-57257986

**天通苑店：** 北京昌平区天通西苑三区18号楼中福天通百货3层
电话：400-6565-818

# 精品 羊蝎子锅

羊蝎子就是羊大梁骨，因其形跟蝎子相似，故而俗称羊蝎子。羊蝎子做火锅，味道鲜美。羊蝎子低脂肪、低胆固醇、高蛋白、富含钙质、易于吸收，有补钙之王之称。

 京城羊蝎子火锅

## 有机羊排锅

有机羊排，纯绿色食材，味甘，性热，入脾、胃、肾、心经，是助元阳、补精血、疗肺虚、益劳损之佳品，是一种优良的温补强壮剂。

## 有机羊尾锅

有机羊尾属纯绿色食品，采自内蒙古大草原精壮羔羊。长期食用强身补肾，促进钙吸收，有利于脾胃消化。

# 鲜羊火锅

## YANGDUFU 羊都府

羊都府鲜羊记，倾力打造中国鲜羊火锅第一品牌。鲜羊火锅最大的魅力就是健康看得见，最大的特点就是新鲜羊都府鲜羊记采用火锅好佳的食材（以苏尼特羊肉为主）。鲜羊肉不仅仅是纯粹的好品质，而且还能挂盘直立，看得出商家的品质和用心。

### 北京羊都府餐饮有限公司

北京羊都府餐饮有限公司集餐饮文化研究、传统膳食开发、民族食品生产、发展加盟于一体，通过连锁经营这一现代商业模式在全球发展。

公司先后荣获"中国十大火锅品牌""五星级火锅示范企业""中国十佳时尚餐饮企业""中国十佳清真餐饮连锁名店""中国名火锅""中国十佳连锁清真餐饮品牌""中国清真名小吃""中国清真名菜""北京餐饮企业50强"等数十项大奖。公司主营鲜羊火锅、羊蝎子火锅、酥嫩香烤全羊等。

羊都府火锅烧烤花园店：北京通州区梨园南街326-2号　　电话：010-81599913

羊都府鲜羊记：北京丰台区科技园万达广场五层5029　　电话：010-57113288/57117677

## 酥嫩香烤全羊

"中国独一份,绝味酥嫩香,秘宗烤全羊"。羊都府酥嫩香烤全羊是中国独创的烤全羊美味。不仅在烤制上有相当高的要求,而且在腌制和用料上非常注重健康和科学。羊都府烤全羊最大的魅力就是物美价廉,最大的特点就是酥嫩香。其食材选用西北的滩羊。滩羊自古就有"土黄金"的美誉,其肉质富含中草药和矿物质。

## 羊蝎子火锅

羊都府羊蝎子火锅在京城发展比较早,品质卓越,口碑极好。羊蝎子食材以进口为主。羊都府羊蝎子火锅最大的魅力是超值实惠,最大的特点就是味正肉香还补钙。

# 酥香烤全羊

酥,三个小时的慢火,一点一点把外皮烤酥,把肉烤烂;香,羊是半奶半草的三个月羊龄的二毛滩羊(宁夏特有的品种,生长在宁夏盐池县),原料的本身含有奶香味,并非添加了奶味调料。

# 馕坑羊羔肉

是极受维吾尔族人民欢迎的一道美食。羊羔肉外焦里嫩,味美可口。我们的做法是:将羊排切成6厘米左右见方的块状,将秘制蛋糊均匀的涂抹在肉块上,腌制1小时。将肉块挂进馕坑(坑内温度120~150摄氏度)壁炉内,堵住坑口,连焖带烤,约15分钟后即可。取出后,撒上孜然、辣椒粉食用。这样烤出来的羊肉外脆里嫩,美味异常。

滩羊铺子烧烤城，诞生于2013年8月门头沟的一个偏僻简陋的巷子里。好戏能在陋巷里登场，品质则毋容置疑。就像有人所说："为了来这吃，我宁愿跑上10公里，等上1小时"、"滩羊铺子带火了一条街"。品牌源于食客的追捧，追捧源于品质的坚持。

滩羊铺子始终坚持着一件事，就是"只用盐池滩羊为您制作民族美食"。一群人，一件事，一只羊，一个美食梦，一条不归路。

 地址：北京门头沟区梧桐汇商业街南口　电话：010-57185898

# 安记特色熟食

常营安记是北京一家百年传承的老店，店主马希金女士已经是第三代传人了。严格遵循穆斯林传统，一丝不苟。从原料到制作，都特别讲究。

店里主要的特色美食有：五香熏鸡、五香酱牛肉、白水羊头肉、酱蹄筋、炸松肉、炸牛肉丸、五香羊肚、五香牛肚、酱羊蹄、酱羊排、炸黄花鱼、五香羊肝、素丸子、糖卷果、熏乳鸽、酱口条等30多种产品。产品均是纯手工制作，不添加防腐剂。而且所有产品都可以真空包装，放入礼盒，快递配送。订购量大可以打折，送货上门，实属送人实惠佳品。

## 酱牛肉

首先说原料，精选上好的牛的前腱子。前腿腱子分两种，有筋多和肉多之分。筋多的是花腱，切开后筋肉相间，像花一样，吃起筋道，有韧劲。肉多的适合老人和孩子吃，肉质细腻，入口即化。除了选料，最重要的百年老汤和40多种佐料，才能做出安记美味酱牛肉。

酱牛肉的特点是黑、香、烂。"黑"是天然的酱色，"香"是浓郁的酱香味，"烂"是入口即化。

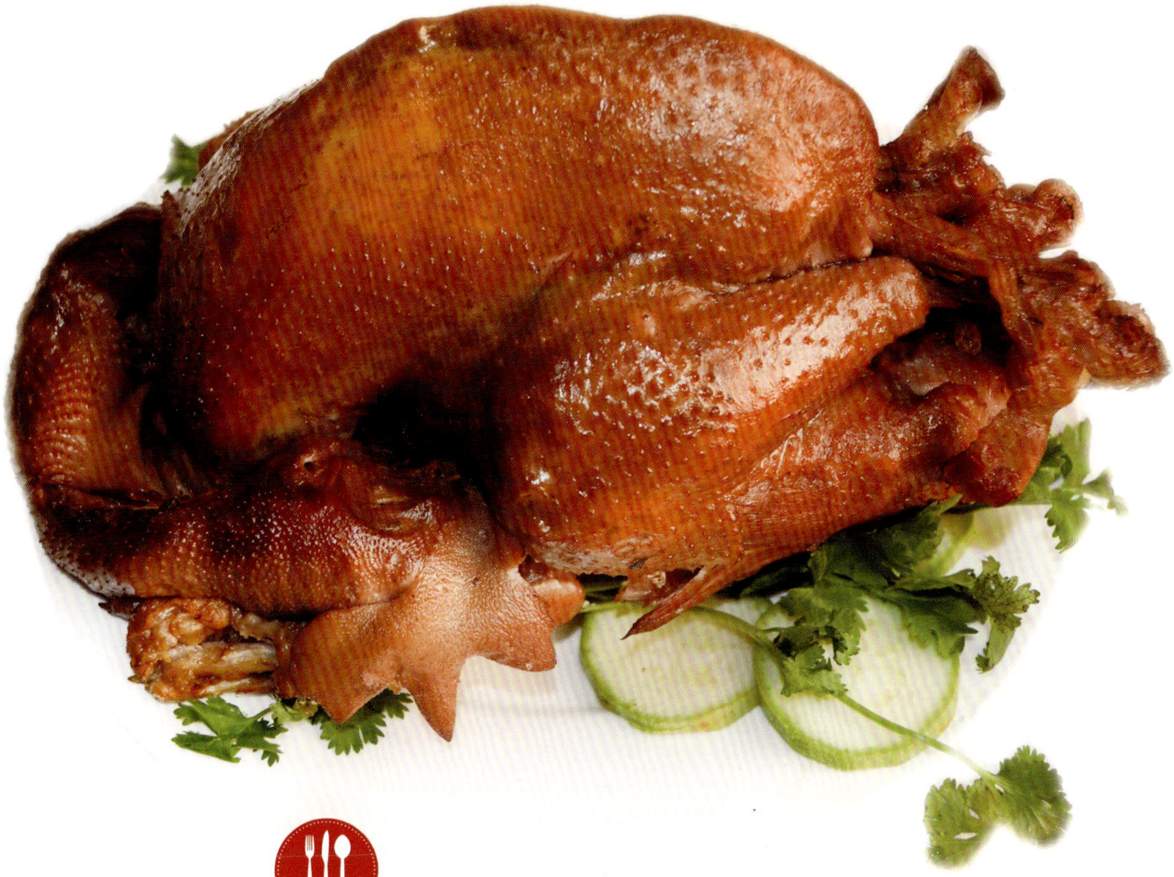

## 五香熏鸡

安记的主打产品。用一年半以上的小柴鸡，鸡汤已有百年历史了，再加上30多种佐料，武火炖40分钟，文火炖1小时，焖制几个小时，最后用五谷熏制。制作出的熏鸡熏味十足、烂而连丝、丝丝入味，而且回味无穷。

地址：北京朝阳区常营清真寺食品街4号　　电话：010-65480721/18612990501

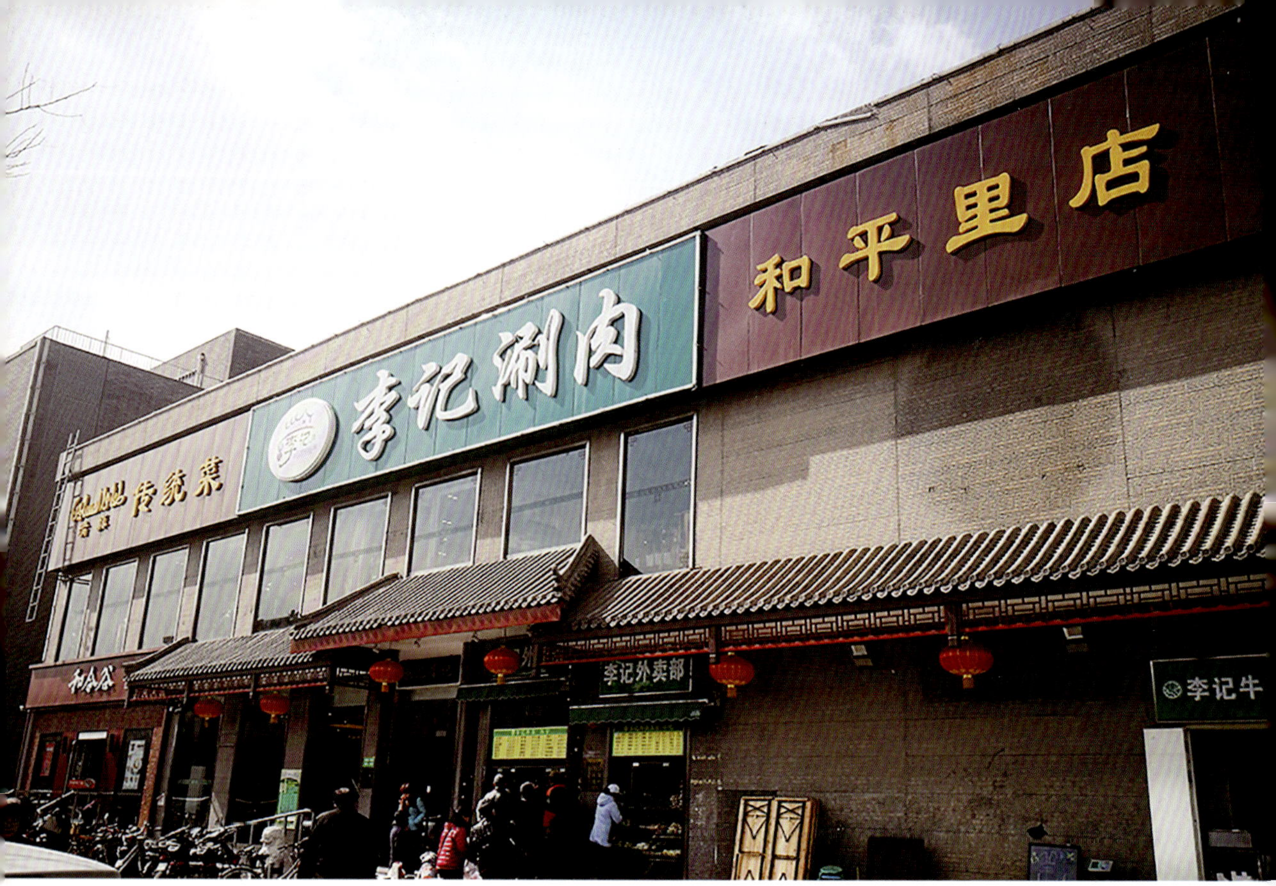

鸦儿李记发源于北京鼓楼烟袋斜街鸦儿胡同，鸦儿李记旗下分店现有6家：后海一店、后海二店、银锭桥店、鼓楼店、和平里店、花市店以及中央厨房配送中心。经营产品以老北京清真小吃、铜锅涮肉、清真炒菜为主。鸦儿李记餐饮管理有限公司营业面积共近万平米，每年接待旅游、食客超过400万人次，营业总额过亿元的大型清真餐饮连锁企业。鸦儿李记未来将用十年的规划，打造成为集餐饮文化、老北京民俗文化等多元化多业态的餐饮集团化公司。

后海一店：北京西城区鼓楼西大街鸦儿胡同19号　　电话：010-84031024
和平里店：北京东城区和平里西街67号　　电话：010-64295466

## 李记金牌烧饼

精挑细选的原材料，纯手工，经18道工序烤烙而成。外皮酥脆，层多松软，芝麻香味飘香诱人。

## 爆肚

新鲜的牛肚，切成细丝，放入开水中将其爆熟。保持肚丝的鲜、脆、嫩，加上酱油、醋、芝麻酱、香菜、辣椒油调制而成的小料，再配以芝麻烧饼作为菜肴的水爆肚不仅风味独特，还有健脾养胃之功效。

老西直门烩面之所以加个"老"字，是因为那是老一辈人的一个念想，那个念想是一种味道，或是一种感情。

30年前，在西直门，一碗羊肉烩面成为老街坊追捧的对象。多少年后，这种熟悉的味道又出现在了北京的街头，众人一吃，纷纷惊喜不已，原来这原汁原味的西直门烩面又被做出来了。

往左家庄老西直门烩面店里一坐，凉爽惬意，捧来一碗烩面。碗里幽香的汤汁上浮着淡黄色的面条，旁边点缀着几大块红褐色的牛肉或羊肉，青翠欲滴的菜叶，再加上入口松软的豆皮，组合效果让人震撼，再来点小酒，来点酱肉，简直就是人生惬意何处许，无疑"老西直门烩面"店里。

 地址：北京朝阳区左家庄中街4号东侧-4（豪城大厦往东100米）

## 羊肉烩面

　　是本店的特色小吃，是记忆中的烩面味道的传承，深受消费者的喜爱。其汤，浓酽醇厚；面条，鲜香有韧劲；羊肉，鲜嫩酥烂。搭配上香菜的清香，让人在吃面的同时能够喝到美味的面汤，简直回味无穷。

## 炙子烤肉

　　是很受消费者欢迎的一道菜。把羊肉和蔬菜放置在铁板上焖烤而成。一定时间后，羊肉的美味和诱人的色泽散发出，搭配着蔬菜一起享用。既能享受到铁板羊肉独有的味道，又能享受到蔬菜的清香，两者兼得。

## 醋溜木须

　　清真菜的代表作，也是本店的特色菜，由羊肉和鸡蛋秘制而成。松软的羊肉和嫩黄的鸡蛋搭配在一起，加上特制的酱汁，无论是颜色还是味道都产生了惊喜的碰撞，让人感受到了清真菜货真价实的美味。

"六朝古都添新号，京城小吃又一家"，这是贴在老回回小吃店墙上简简单单的十四个字。经营的小吃种类繁多，纯正的老北京小吃驴打滚、薄皮大馅的肉龙、美味的酱肉及各式各样的早点，能够全天候地为消费者供应美食。最亲民的价格、纯正的清真口味，老回回正用一种无限的力量向百年老号进击，为后人铭记。

 地址：北京海淀区净土寺18号一层南侧-1（交大东门往北）

## 糖花卷

老回回的糖花卷远近闻名，包裹着红糖和芝麻酱的花卷，呈现出诱人的颜色。因为酱料足，满满的麻酱、红糖夹在花卷的每一面，覆盖每个角落填满每条缝隙。口感浓郁，味感独特，凉食却有爆浆即食感。适中的甜度，调配得不腻口，食过后让人回味无穷。

## 豆馅火烧

老回回的豆馅火烧做的那叫一个实在。材料实在，自己家糗的红小豆，不含添加剂；用料实在，豆馅火烧俗称蛤蟆吐蜜，那是因为豆馅多到露出来。皮薄还酥脆，料真味道佳，甜度低，绵绵的口感还有着余温，简直让人回味无限。

## 常赢三兄弟

### 至尊3D羊肉

至尊3D羊肉采用特殊的排酸工艺，精选3D羊的第5～12肋骨的肋部肉，自然包裹眼肉和上脑，肉品营养均衡、色泽悦人，超乎想象的口感，当之无愧为羊肉中的极品。

### 羊中皇

羊中极品，肉中"皇帝"，每只羊只选取4两肉。

### 金牌羊上脑

选用内蒙古羔羊通脊前端15厘米左右的上脑部分，肉品肥瘦相间，实属羊肉中的精华。

## 极品羊腱子

选用6个月的内蒙产羔羊的后腿腱子肉，每只羊后腿只能选出300克，经切肉师傅去筋、剔骨，精细加工，入口极其鲜嫩。

常赢三兄弟餐饮管理有限责任公司，目前已拥有十余家连锁店。主要经营老北京铜锅涮肉，还保留"扒肉条""红烧牛尾""它似蜜"等清真传统菜肴。所用食材均无任何食品添加剂，是纯正的绿色食品。公司秉承"诚信赢天下"的经营理念，守诚信、用真心，赢得天下食客心。

陆港城总店：北京朝阳区朝阳北路20号陆港城商街3号楼103　电话：010-57170383
来广营店：北京朝阳区红军营南路赢秋苑20号楼　电话：010-57171613

# 简阳羊肚

简阳羊肚选用于简阳大耳朵羊，肉质细嫩、肥而不腻、温而不火、没有一点儿膻味便是其最大的特点。

# 简阳羊肉

简阳羊肉选用于简阳大耳朵羊，肉质细嫩、肥而不腻、温而不火、没有一点儿膻味便是其最大的特点。

# 简阳羊肉汤

简阳羊肉汤的独特得益于简阳的山羊。简阳的土山羊，俗称"火疙瘩羊"，个头矮小，但生命力极其旺盛。有专家趣言：简阳的山羊"吃的是中草药（绿色山草），喝的是矿泉水（龙泉湖、三岔湖的水）"。简阳的羊肉汤，肉质细嫩、肥而不腻、温而不火，尤其是那奶一般白的汤，其味鲜香浓烈、余味悠长，是任何一道菜一种汤都难以匹敌的。

- 地址：北京朝阳区百子湾路16号百子湾桥西100米路北
- 电话：010-67710338/13311312560
- 地址：北京市朝阳区望京望花路东里3号楼
- 电话：84728862/137-1770-3679
- 地址：北京市朝阳区水锥子东里22号（地铁6号线A口向西100米路北）
- 电话：85960990/13311312560

## 简阳羊肉汤

乳白色，香滑爽口，醇香四溢。汤能熬成乳白色，可真不是加了浓汤宝或牛奶。而是正正经经用心熬出来的，每天早上4点开始，羊肉、羊杂、羊棒骨汇于一锅用纯净水起火开熬，直到11点才算大功告成，足足用时7个钟。

## 鲜羊拼盘

鲜羊拼盘是很多爱鲜肉食客首选,从左至右依次是手切三叉、鲜羊上脑、鲜切羊肉。手切三叉肥瘦相间,鲜羊上脑口感鲜嫩,鲜切羊肉更适合爱吃瘦肉的朋友。

## 澳洲雪花肥牛

澳洲雪花肥牛是指脂肪沉积到肌肉纤维之间,形成明显的红、白相间,状似大理石花纹的牛肉。含有丰富的蛋白质、氨基酸,营养价值高,口感柔润鲜嫩,入口即化。

# 北平三兄弟

北平三兄弟是一家经营老北京铜锅涮肉的品牌。公司成立以来,一直致力于传统铜锅文化的挖掘和保护工作,秉承"真材实料、眼见为实"的经营理念。保留铜锅、清汤、炭火的基础上,首推"立盘羊肉"向消费者承诺食材的品质。羊肉能立于盘上,是因为全部鲜羊肉均来自锡盟大草原,经过严格的清真屠宰,排酸不低于24小时,冷链进京保证最佳口感。 北平三兄弟以产品定位,主要有铜锅涮肉、秘制羊蝎子、炙子烤肉。

- 东直门店:北京东城区东直门内大街5-6号
- 电话:010-84064086
- 洋桥店:北京丰台区马家堡东路海户西里31号院5号楼底商
- 电话:010-67239118

## 锡盟羯羊卷

锡盟羯羊卷选取都是两岁以上的羯羊,蘸锡盟大草原上野生的韭菜花,鲜嫩醇香,地道的草原羊肉味儿。

# 束河人家
## House of shuhe

## 云南特色 香牛肉

我们选取云南的黄牛肉的牛林的部位，一头牛只有两块这样的肉，切成厚片然后用秘制调料腌制，下锅久煮不老，越煮越嫩，也是店里的招牌菜之一。

南锣鼓巷北兵马司17号是我们梦开始的地方，历经3个月的修建装饰把一个空置多年的老北京四合院重新焕发了它的古朴和美丽。涓涓流水，鸟语花香，还原了一个美丽的束河古镇。

2010年8月8日是个下雨的日子，就在那天我们开门迎客，第一桌子客人是一对外国友人。他们进门看见院子里的鸟语花香和一个古朴的四合院，在他们的眼神里我们看到了震撼，就知道想要的意境我们做到了。

每个人心中都有个云南情节，是深深庭院，是袅袅炊烟，是旖旎风光，是一米阳光，亦是那束河里的船桨咿呀。走进束河人家，看到的是束河古镇的缩影，到处都弥漫着浪漫的气息。

 地址：北京东城区北兵马司17号　　　电话：010-84048817

# 火锅料理

束河人家的火锅料理极大地保留了食材最原始的味道。

**鸡汤汤底**：选用了云南的武定鸡，煮出来的鸡汤鲜美无比。
**菌汤汤底**：选用了老人头、松茸、黄牛干这些珍贵野生菌精心熬制而成，无任何添加，极大地保留了野生菌最天然的鲜味。
**辣汤汤底**：精选云南的干辣椒加自制牛油熬制而成。辣而不燥，不用担心上火。
**腊排骨锅底**：精选云南土猪，经土法腌制，配以鸡汤汤底，味道鲜美。
**滋补锅底**：云南武定鸡切块加上野生菌在鸡汤里煮开，鸡肉和野生菌的完美结合，飘香四溢啊。

涮品好多云南空运来的食材：包浆豆腐、建水豆腐、板蓝根、米线都是每日新鲜空运，要的就是原汁原味和新鲜度。

# 爆肚 老門框

## CHINESE TOP POT

"老门框"是家百年清真老店,起于民国,兴于当代。百年来,坚守"至诚胜至伪,至拙胜至巧"的家训,不省人工,不减物料。看似简单的铜锅涮肉,也下足功夫。

"老门框铜锅涮肉"获得中国烹饪协会颁发的"中国火锅产业红鼎奖""中国火锅代言品牌卓越品牌"等称号。第四代传人宋军把当年的简陋小店,发展成了每天从早点就排队,24小时营业的京城名号。店里挂满了各路名家对老门框的称赞,其中不乏同行的认可。

1店:北京丰台区方庄南路于家坟157号　电话:010-67655783/67683007
2店:北京西城区复兴门北大街5-2号(龙岗酒楼一层)　电话:010-68019722
3店:北京海淀区玉渊潭南路蓝色港湾东瑞丰园美食天地二楼　电话:010-57226018

## 老门框 铜锅一岁羊

羊肉来自巴彦淖尔中蒙边境的牧民羊群。羊奔跑于天地间，渴饮戈壁泉水，饥吃野生草料。肉质香甜，口感 Q 弹，久涮不老，汤清味足。好肉配好料。老门框每碗蘸料里，都有自己制作的老北京韭菜花。韭菜花来自呼伦贝尔，加盐，用大石臼捣碎，用梨调味。芝麻酱坚持使用辽宁"小白沙"花生与河南芝麻的四六组合。所以百年来，一碗蘸料里，有无尽的淳朴浓厚香气。

## 老门框 门钉肉饼

在传统门钉肉饼的基础上，老门框师从中国烹饪大师孙立新，将西餐处理牛羊肉的方法融入进来，用蔬菜汁调馅儿，让门钉肉饼既有汤包的丰厚汁水，又多了一层蔬菜清香。

## 冷锅串串

发源于天府之国,美食之都。其继承着火锅的精华,川味的精髓。由各种蔬菜、肉食切成方便串起来的形状,用竹签把这些菜品穿成串,放入用特制配方配制的汤锅里煮熟,即可食用。味道悠长,麻辣可调,味碟多样,食用方便,富有休闲情调,物美价廉。冷锅串串虽然有"冷"字,但它是热的,只是那口"锅"是冷的。

# 康二姐串串香

　　康二姐串串香在九十年代初期创立于成都，康二姐串串被冠以"成都最牛串串"之称，也曾被媒体评选为排名第一的成都串串，上过报纸，上过人气爆棚的电视节目，康二姐本人也红出了国门。

　　2014年，康二姐串串香开到了北京。由成都总店的原班人马亲力亲为，食材原料都从成都新鲜运输而来，保持了原汁原味。菜品熟而不烫，味道香而不闷，麻辣爽口。比火锅滋味悠长，一口就会上瘾！

## 兔头

　　是四川成都名小吃，鲜香味美，口感极佳。康二姐家的兔头，从成都采购的原材料。

　　半个手掌大小的兔头经过腌、烫、卤等多个步骤，吃起来辛辣之余留有回甘，肉质饱满，辣而不燥，鲜而不腥，可口极了！

**三里屯店**：北京朝阳区三里屯南甲34号院内
电话：010-64156671
**常营店**：北京朝阳北路五里桥一街3号院
电话：010-56268942

# 炖窝骨筋

牛窝骨就是牛的膝盖骨，软筋比较多，吃起来软脆有嚼劲，含有丰富的胶原蛋白、钙和蛋白质。入口软烂、香糯，味道浓郁。

---

正兴斋四季涮肉传承了老北京涮羊肉的特点，采用铜锅炭火，羊肉讲究肉质细且无膻味、鲜嫩无比，其他食材新鲜。环境整洁简约，具有浓厚的老北京胡同文化气息。

掌柜的兼主厨郑兰第先生，1964年生人，土生土长老北京人，打小儿就好铜锅涮肉这口儿，不惑之年创立了"正兴斋"，其寓意是通过自己对于中国饮食文化的独到见解使其蓬勃发展、传承兴旺。

正兴斋四季涮肉秉承老北京饮食文化传统，坚持正宗，新鲜，讲究的良心品质。"正兴斋"是您品京味铜锅涮肉，鉴京味饮食文化的极佳之选。

地址：北京丰台区刘家窑宋庄路顺六条8号
电话：18618375090

# 正兴斋四季涮肉

## 老北京铜锅涮肉

选用纯种内蒙古特有的乌珠穆沁羔羊和苏尼特羊，饿了吃矮草、沙葱，渴了喝清泉，牧草中富含几十种中草药，羊肉营养成分更高；富含多种氨基酸和硒、钙、铁；高蛋白，低脂肪；嫩滑爽口，久涮不老，肉质鲜嫩，口感香嫩，不腻不膻。有益精气，补肺肾气的养生功效。

加工手法独特，羊肉剔去筋膜，按垂直于肌肉纤维的方向用快刀片成厚1毫米的薄片，码放在盘中。使得羊肉在涮煮过程中最大限度保持原有的形态，营养价值。

## 锅底

　　李嘉嘉行式洋盘牙尖锅,尊承传统,老成都炒制方法,浓浓原味。锅底为上品牛油锅,油料足,味感浓厚,食材多从成都空运,地道而新鲜。巴适好锅底、辣椒、牛油,还有一切令心情燃燃身体暖暖的好食材,这些都是老板娘李嘉嘉用来制作醇厚锅底的必要成分。

　　李嘉嘉串串香火锅为北京双椒百味餐饮管理有限公司旗下品牌,是一家以经营川味串串香火锅为主,同时进行火锅底料生产,食材供应,品牌加盟为一体的综合型餐饮企业。

　　李嘉嘉串串香火锅成立于2010年发展至今,现已有分店4家,更以良好的社会效益获得了广大食客的充分肯定。公司在李嘉嘉的带领下,成为北京市串串香火锅知名品牌,并被北京多档知名美食节目推荐,如《美食地图》《乐活四九城》《北京青年》等。

**双井店:** 北京朝阳区双井东柏街时代国际底商李嘉嘉串串香
**电话:** 010-57298877

**长虹桥店:** 北京朝阳区东三环长虹桥东北角通广大厦2F
**电话:** 010-65389458

**国美店:** 北京市朝阳区青年路国美第一城3号院6号楼F1-02
**电话:** 010-52099520

### 坐飞机的千层肚

口感香脆，久涮不老，嚼劲十足，入口化渣，绝对是涮火锅的上佳之品。

### 坐飞机的九尺鹅肠

九尺是成都彭州一个小镇，这里出产的鹅肠大名鼎鼎，肉厚脆香，富含蛋白质、维生素C、维生素A和钙、铁等微量元素，比鸭肠更宽、更脆！

# 古铜老院 爆肚涮肉

古铜老院是京城一家古香古色的老北京铜锅涮肉清真餐厅。品牌创立于2015年，目前北京有三家分店分别位于常营北辰福第商业街、双井北人泽洋大厦东侧和杨闸环岛向东新天地小区底商。

餐厅选用自营农场牛、羊肉，通过明厨亮灶和古朴的就餐环境，打造消费者看得见的老北京之情怀火锅。

## 鲜切花牛腱

精选牛腿肉中带雪花状的小精腱，堪称牛腱中的精品小花腱，肉质细腻，口感嫩滑，精湛的刀工，薄厚恰到好处。

常营店：北京朝阳区常惠路4号北辰福第商业街(临汉庭酒店)
电话：010-65466719
双井店：北京朝阳区东三环南路48号北人泽洋大厦东侧
电话：010-87772686

### 创始人 ▲

**冯树强**-古铜老院爆肚涮肉品牌创始人，耕牛堂潮汕牛肉火锅品牌创始人，山东德强农场创始人。

**寄语**：古铜老院包含着老北京的文化情怀、胡同里的悠闲、席间的畅快、传统的京式涮肉，都会勾起人们很多的回忆和情结。这也是我们要给消费者呈现的一种东西，让无论北京人还是北漂人都能从中体会个中滋味。同时得到对古铜老院的认同。那么这种情怀也会推动着很多老北京的元素传承下去。让我们的品牌也得以继续传承十年、百年成为京城老店。

## 鲜切羊后腿

选用羊小后腿肉，俗称"大三叉"，筋肉相连，肥瘦各半，肉质嫩，味香浓。一品细腻，二品顺滑，三品入腹，倍儿爽！

## 极品羊上脑

精选小羔羊脖颈后、脊骨两侧、肋条前呈大理石花斑纹路的肉，厨师在定型前经过严格的排酸和抗氧化处理，使肉质更加鲜嫩，营养美味。

　　"京南第一涮"牌匾为乾隆皇帝御笔，掌柜的姓薛。薛掌柜曾在皇家园囿南海子内的行宫，主持行宫中的"御涮苑"料理御用膳食，也曾多次入宫为乾隆爷送去鲜美的牛羊肉及料理火锅膳食。

　　如今，薛掌柜的后代继续经营着老祖宗留下来的基业，并且将"京南第一涮"的美食带到了更多的地方。

宜家荟聚店：北京大兴区西红门宜家荟聚购物中心三层
电话：010-50931837
长楹天街店：北京朝阳区常营龙湖天街购物中心四层
电话：010-85308667
丰台万达店：北京丰台区科技园万达广场五层
电话：010-63715726

# 炙子烤肉

　　薛掌柜在现代烹饪大师的帮助下恢复了传统的炙子炉，以最为传统的做法将炙子烤肉呈现出来。不仅可以根据牛羊肉的不同部位来品尝菜肴，还能选择肉的成熟度。顾客可以吃到鲜嫩多汁的七成熟，也可以吃到失传已久的爆糊。

# 京南第一涮

## 新保安金牌羔羊肉

新保安所处地区与欧洲葡萄酒黄金纬度带相同，草类繁盛。吃了这样的草，使得羊肉肥美多汁。所有羊肉均来自3～6个月的羔羊，口感细嫩鲜香。经过严格的穆斯林屠宰加工以及排酸过程，保证了羊肉的品质与健康。

## 秘汁羊蝎子

京南第一涮的羊蝎子，在选材上选用的是3～6个月的羔羊，肉质松软弹牙，钙质丰富。经过36味中草药与12小时的小火煨制，熬制而成。传统的酱香京味儿，口感软嫩，使得每一块骨头都滋滋入味。

## 二人套餐

锅底1份；现切牛肉（吊龙、嫩肉、新鲜肥牛任选一种）1份；加拿大谷饲精选牛肉1份；脆皖鱼片1份；蔬菜菌类拼盘1份；面条1份或米饭2碗（任选一种）。赠送：海虾或虾滑（任选一种）1份，餐后甜点2份。

## 四人套餐

锅底1份；现切牛肉（吊龙、嫩肉、新鲜肥牛任选三种）加拿大谷饲精选牛肉 2份；脆皖鱼片2份；蔬菜菌类拼盘 1份；面条2份或米饭4碗（任选一种）。赠送：海虾或虾滑（各一种）1份，餐后甜点4份。

鲜肉和美人鱼的邂逅，有了香和鲜的故事，鲜牛肉和脆皖鱼是林记的"男女"主角。我们所选潮汕牛肉，最好的店，最好的刀工师傅；当然也要选最好的牛肉。因为追求新鲜、健康，所以采用的全是现吃现宰。好不好吃，来一盘就知道。吃牛品香，食鱼知味。如果说脆皖及海鲜的增加，是为丰富原有潮汕火锅单一性的话，那味噌、麻辣、咖喱及鸳鸯等锅底的添加就算是"离经叛道"了。然而，招牌绝不仅仅是两个字，而是品牌的象征，"出人意料，耳目一新"是我们的理念。

地址：北京朝阳区光华路丙12号数码01大厦202　　电话：010-65021388
地址：北京朝阳区关东店南街2号旺座大厦北配楼一层　　电话：010-65610693

　　北京天立飞香独一味餐饮管理有限公司，是一家独立掌握配方技术、独立注册商标品牌、集饮食文化传播和传统膳食开发及生产为一体的全国连锁经营机构。公司经过12年的实践，运用现代企业制度形成了一整套科学的管理体制，为企业的发展奠定了坚实的基础。独一味万州烤鱼是品牌创始人引入北京的首家烤鱼店，引领了北京烤鱼美食新风尚。我们拥有高素质的服务团队，在最短的时间内取得顾客的信任，并且将我们的服务理念传达给顾客；健全的组织阵容，满足投资者的多元需求，包括经营管理、建立餐饮服务理念与教育训练、店面企业形象一体化设计等；强大的研发团队，透过多年来的敏锐观察，不断地提供更贴近消费者需求的服务与菜品，甚至超过顾客与投资者的期待。

地址：北京市朝阳区光华路丙12号数码01的大厦）
电话：010-65015688

## 麻辣烤鱼

　　本店招牌菜。经过二十多种调料秘制而成，外皮香脆，肉质鲜嫩，色泽金黄，入口之后唇齿留香，余味绵长，辣而不燥的口感，备受南北食客推崇，堪称色香味俱全的烤鱼传奇经典。

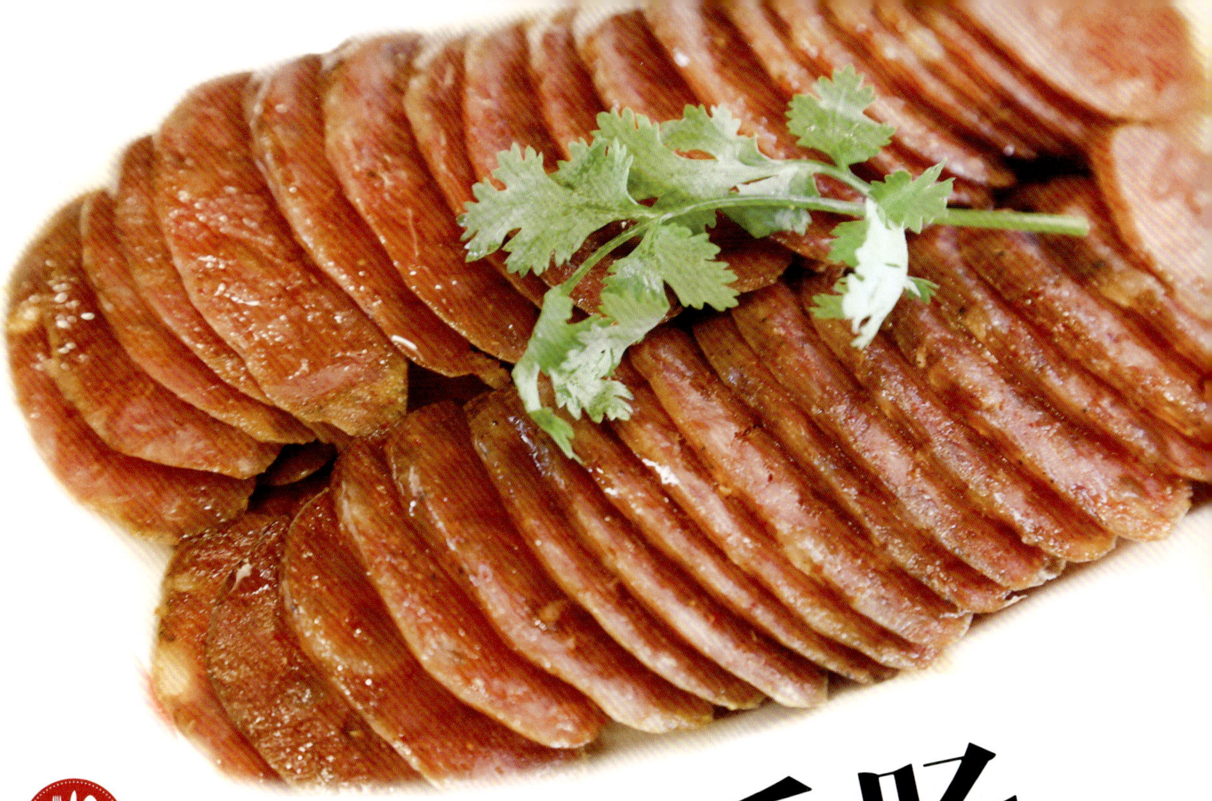

# 麻辣香肠

这是所有爱好川菜的食客们到店必点的一道菜，
传统工艺手工制作而成。麻辣过瘾，回味无穷。
因为正宗，所以点击率非常高，让你想起妈妈的味道。

独一味 万州烤鱼
www.du1wei.com

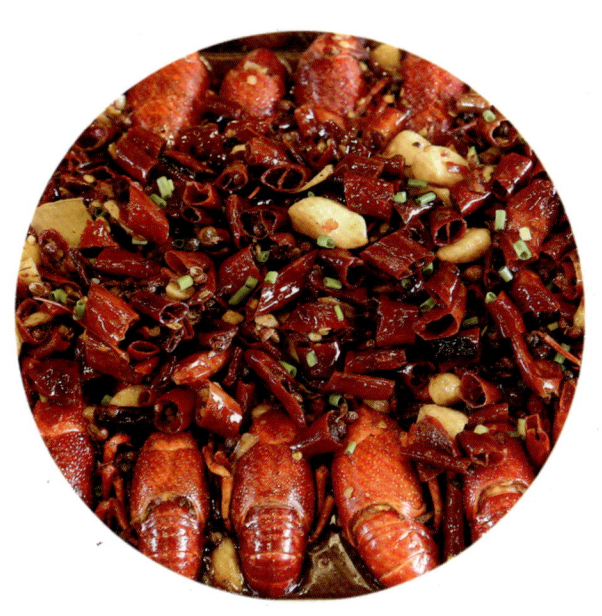

# 麻辣小龙虾

原材料精选自盱眙优质小龙虾。加工前经过严格筛选、逐个清洗、保证鲜活。干净，健康，七分食材三分加工才能十分美味。也许你吃过很多款小龙虾，我们的小龙虾更会让你记忆深刻。它不仅是一盘别致的美味佳肴，更是融合了菜品研发人的用心及对美食的匠心精神，爱上小龙虾！爱上“独一味”！

# 喜肉膳招牌冷面

有荞麦面和玉米面两种，冷面汤是厨师团队自主研发的，使用4道工序，8种水果和蔬菜作为原材料配制的，酸甜可口。

喜肉膳微烤肉是由北京喜肉膳餐饮有限公司打造的一家微型烤肉小馆，以平价烤肉为主，传统烤肉和新派烤肉相结合，深受附近食客的喜爱。

选用的食材皆经过精挑细选，专注食材的品质；店内环境优雅，适合朋友小聚，还有长台桌适合各式聚会；烤炉采用最新的环保电烤炉，无烟环保，用餐后身上无任何异味。

地址：北京市海淀区魏公街6-1二层
电话：13681149209

# 喜肉膳 微烤肉
THE CARNIVORE'S DEN

## 喜肉膳微烤肉拼盘

吃烤肉点太多吃不下，还都想每种肉都尝尝？喜肉膳微烤肉拼盘，选择困难症终结者。让客人可以一次享用店内最畅销的10款肉品和多款蔬菜，仅售128元，一个菜品，十余种口感和味道。

## 喜肉膳经典大牛排

一块牛排拥有四个部位，四种口感和四种不同吃法，块大味香，配上秘制的酱料，甜鲜味十足。

BBQ WORLD 烤天下 酒吧文化烧烤

乐 分 享 来 一 串

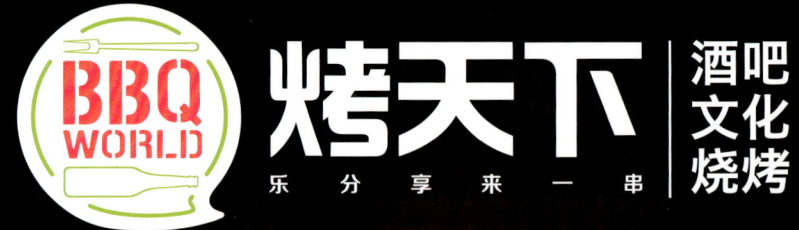

“烤天下”隶属于北京薯颐阁餐饮管理有限公司，创立于2009年，总部位于北京。是一个融合酒吧、烧烤和音乐的“跨界”新派餐饮品牌，目前在全国拥有130余家门店。

“烤天下”荟萃全球各地的特色风味烧烤系列，研发了蓝焰海螺、湛江黄金霸王蚝等多个具有鲜明品牌辨识度的特色菜品，搭配来自世界各地的精选美酒，让食客们能够尽兴而归。

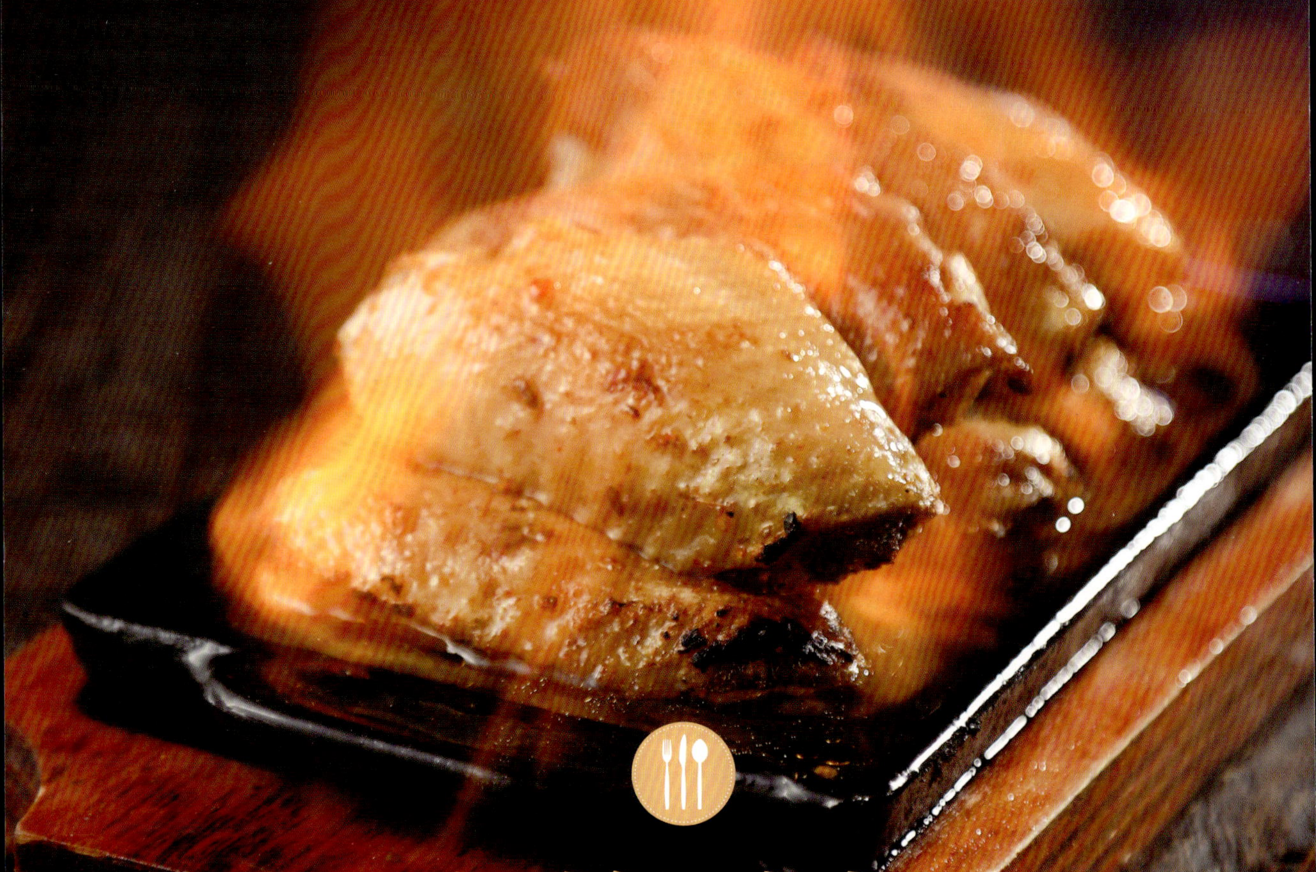

## 火焰鸡翅

打破传统鸡翅做法，加入水果汁元素，使得鸡翅更加鲜嫩。
料、油二次加热，大火封住槐花蜜的甜香，入口即溶。

地址：北京大兴区亦庄上海沙龙商业中心美廉美西侧二层
电话：18618213766

▲ 创始人：熊校军

## 天下小腰

每份小腰要经过60次（每次不超过五秒钟）的反复烤制，才能够达到脆、韧劲儿十足的最佳口感。

## 五花肉熔岩烧

猪小排骨肉，去除油脂，香而不腻，搭配生菜清脆爽口。

## 海鲜全家福

华丽诱人的海鲜盛宴，放慢了你我匆忙的步调。这道菜无论从惊艳的外观还是到鲜嫩无敌的口感，都像极了一幅海滩边的美景，如此清澈明亮又何等引人入胜。慢慢地将海鲜放入口中，仿佛置身海滨的阳光沙滩，微风带来蓝绿色大海的气息，轻拂着清新的百花香气，银杏叶伴着缕缕徐风，心情也。

## 丹东黄蚬子

黄蚬子常有，而"好"蚬子不常有。烤烤店里的每一颗黄蚬子，均空运于海域养分充足的丹东，专业的吐沙设备，确保每一颗黄蚬子无沙。因此，烤烤家的黄蚬子个头更大，肉更肥美，营养价值也更加丰富。不仅如此，不同于传统的炒制方法，这里是将黄蚬子放在烧烤盘上，用碳火烤制，碳火烤出的蚬子不仅保留的本身肥美的味道，更让你沉醉的是，你会在浓郁而微咸的汤汁里尝到大海的味道……

# 烤烤

因为对家乡味道的眷恋,因为吃货的执着之心,造就了今天的烧烤革命性品牌——烤烤。烤烤烤炉功能是多样性的,不仅能单钎子、双钎子烤串混用,且烤肉、海鲜都可以混烤,无烟环保,可以最大激发出食材的本味。

在食材方面,烤烤推崇忠于食材本质,呈现更好口味。西班牙顶级的葵花籽油、澳洲进口的鲜嫩牛肉、每天从黄海空运而来的美味海鲜等等,它们赋予了烤烤独特的美味,也给烤烤带来了绝佳的口碑。

## 腌过的牛肉

烤烤 丹东海鲜烧烤

生存只要吃饱,但生活需要仪式感。正如在烤烤点上一份澳洲牛肉,高颜值的服务生穿着整齐划一的黑色制服站在你的桌前,为你翻动烤制着牛排,动作轻缓而稳重,规范却不失柔情。简单的实木餐桌上漫溢着牛肉及比利时啤酒的香气,点点灯光呢喃着浪漫的话语,这便是生活的仪式感,不矫情,不做作,而是对抗生活负面情绪最好的解决方式,是一场对生活的热爱。

望京店:北京朝阳区望京悠乐汇A4区127号停车场出口处
电话:010-84766119/84726003

劲松店:北京朝阳区南磨房16号院甲1-5禧福汇底商
电话:010-87388168

## 香辣味烤鱼

选用四川的上好川椒和印度的魔鬼椒,还有河北等地的五种上好特色辣椒,配合自制香辣烤鱼酱。烤鱼酱用了30多种香料制作而成,不含任何添加剂。

## 特色香辣鸡翅

这道菜是选用鸡翅中12个,用蔬菜汁腌制,加入自制香辣酱和四川产红灯笼椒,配上青笋条和小麻花,可以说是年轻朋友和小朋友的首选。

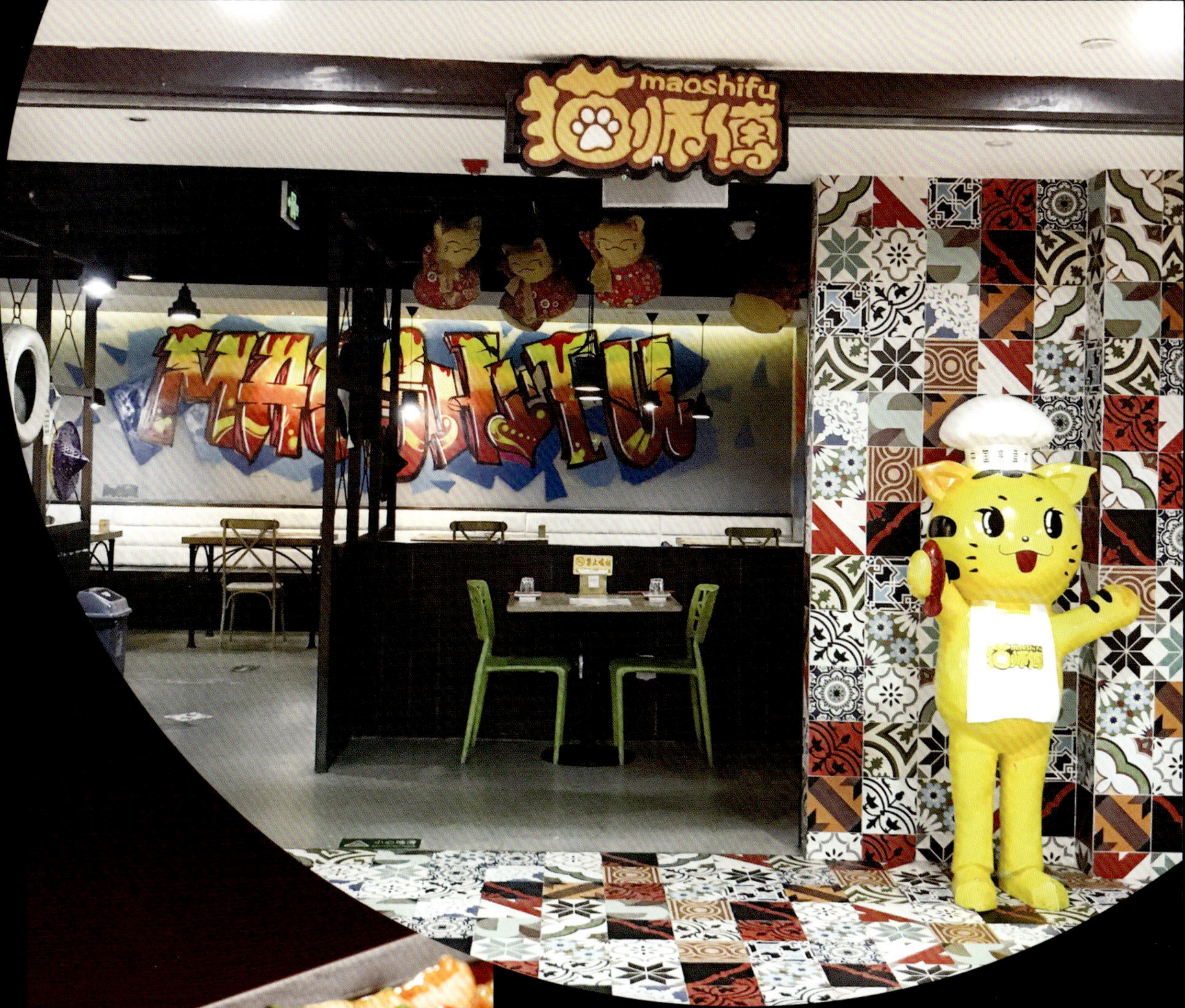

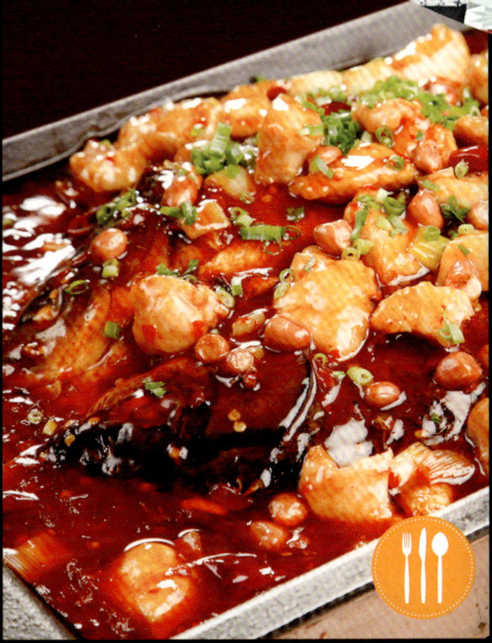

## 宫爆鸡丁烤鱼

这道菜是光顾我店的客人首选的烤鱼口味，也是本店的爆款。选用鸡腿肉为原料，宫爆鸡丁烤鱼可以说是鱼和宫爆鸡丁口味的完美结合，这是一款先吃鸡丁后吃烤鱼的二重菜品。

"猫师傅"创建于2014年，隶属于印巷小馆（北京）餐饮管理有限公司旗下，是一家以经营烤鱼为主的餐厅。"猫师傅"这个名字巧妙利用了"鱼"和"猫"的反向关系，创始人尹彪经过3年时间考察和研究后开发出来的时尚品牌。

"猫师傅"餐厅装修时尚，格调高雅。目标消费人群定位于城市的年轻人和小资白领。

"猫师傅"力争把烤鱼做到极致，所用辣椒均采购于四川本地，烤鱼的口味与众不同，比如：孜香味、酸菜味、黑椒杏鲍菇味烤鱼。

地址：北京石景山区阜石路300号喜隆多新国际购物中心422号
电话：010-53020752/53020753

## 金牌凤爪

凤爪采用秘制配方。卤料达几十种，卤制三小时左右，待温凉后，再经高温烤制，使其色泽红润，口感软糯。

## 蟹钳热干面

独创的螃蟹腿，搭配武汉热干面。经秘制酱料烹饪后，蟹腿的鲜香与面条完全相融合。因为有蟹汁多了几分鲜味，甜鲜辣口把你的味蕾充分打开。

## 家乡烤豆腐
### （武汉烤干子）

此豆腐在武汉称为"干子"，它与北方豆腐制作工艺完全不同。经烤制至外焦里嫩时，再均匀洒上秘制料粉，复合口味，口感更佳。

本店于2015年由武汉入驻北京。老板出生于武汉，生长在厨师家庭。自小在父亲的影响下喜专研美食，家族于上世纪90年代在武汉以烧烤为主营，开辟一片小天地，我们愿望也希望能把地道的武汉口味带到北京。怀揣着家族的梦想，协同总店最优秀之同事入京服务于民。京都重地，人心向往。让北京的人也能品尝到正宗的汉口味道，感受到武汉人的热情。

大屯店：北京朝阳区大屯里金泉美食宫底商F312-11　　电话：010-64897851
大成路店：北京丰台区大成路21号　　电话：010-56270339

# 百渡膳食
## BETTERSUNS

是一家经营精品韩式烤肉为主的美食餐厅。主要以黑牛雪花牛肉为主,独有的蒜香口味烤肉为特色。招牌菜蒜香调小牛、土星雪花肉,延吉冰爽冷面等。蒜香调小牛是以蒜香为主要特色,淡淡的蒜味配上上等雪花牛肉,鲜嫩多汁。"霜降级"土星雪花肉和调味牛小排最具特色,鲜牛肉烤起来香嫩可口、入口即化,调味肉则汁多鲜美。烤肉重食材的选择与搭配,选料的每个环节都遵循严苛的标准。烹饪时须以木炭为燃料,利用烤盘间接传热炙烤。炙烤时,可由厨师代劳,亦可由客人亲自动手享受烹饪的乐趣。不同部位的肉须搭配不同的腌汁和蘸料,讲究食用时口感丰富。

## 土星雪花肉

## 延吉冰爽冷面

将顶级雪花肉烤至七成熟,用剪刀剪成小块。蘸一点点天然"海盐",瞬间融化的海盐,带着雪花牛肉淡淡的奶香味(只有顶级品质黑牛雪花牛肉才有),肉质鲜嫩。感受雪花牛肉的脂肪和肌肉被燃烧到最合适的温度后极佳的口感,一口咬下去入口即化,让你喜欢上这种和牛肉的味道,不是所有雪花肉都具有这种味道。

冷面的面质主要是以小麦、荞面为主。浓浓的牛肉清汤做冷面的底汤,融入各种水果的微甜、水果醋的微酸,冰爽的面汤夹杂一点冰碴,清新回甘。冷面菜别具一格,口味极佳的酱牛肉片、雪花梨、延吉口味微辣冷面酱、泡菜、爽口黄瓜丝、高营养东北松子,搅拌在一起,各种味道一起产生更美味的味道,拌着冷面一起吃进去,冰爽、美味、精美可口。欢迎到延吉品味地道的正宗延吉冷面。

# 蒜香调小牛

  现切的雪花牛肉在蒜香汁的容器里蘸满汁之后就可放上炭火上烧烤，这样既能保证吃到雪花牛肉本身的味道，又能吃到一点点烤熟的蒜汁、水果的甜咸味道，汁香鲜嫩。在使用优质备长炭2000℃高温烧烤过程中，能够闻到蒜汁、水果汁被火烧过的味道，单单闻这个味儿就非常香。经过高温烧烤至七成熟的烤肉，切开成小块，一口咬下去淡淡的炭熏过的蒜味伴着淡淡的水果味儿，清新甜鲜。随后就是满满的多汁雪花肉，雪花肉爆浆的味道，只有吃过才知道，无需调料、蘸料就足以让你记得住。如果口味重还可以蘸秘制的烤肉蘸料，口感独特，甜咸适中。用一片苏子叶、生菜，包起一片蘸汁的烤肉+蒜片，整体一口放入嘴里，咀嚼到的感觉无以言表，满满的幸福感。

📍 地址：北京朝阳区望京湖光中街8号桔子酒店院内
  电话：010-64721650

# 手撕鲜肉条

一头牛只出30串，一条一条撕着吃，啤酒的最佳伴侣，几乎每天售罄。

"烤+"隶属于北京烤加餐饮管理有限公司，致力于在烧烤餐饮品类中发展成为领军品牌。经过一年多的发展，"烤+"以其独特的牛肉串在北京地区独树一帜，成为烧烤串类的一个传奇神话

"烤+"的菜品差异化，串类选料都是牛的精华稀缺的部位，秘方腌制后方可烤制。无论是市场稀缺性，还是口味，都得到市场的认可。其他特色菜品还有锡纸烧猪心、烤鸡爪、猪手等，口味足以征服食肉族。再配以匠心熬制的小龙虾、冬日暖暖的烧鸡公火锅，可以说"烤+"正以稳健而出奇的步伐，挑战着大众的味蕾以及同行业的竞争。

顺义店：北京顺义区顺义人民公园东南门　　电话：010-69440960
平谷店：北京平谷区小渔阳十字路口西北角　　电话：010-69951660

## 烤+小筋

肥而不腻，满口留香，秘制调料腌制，颇受食肉族青睐。

## 烤+小串

以小而经典著称，也是烤+的招牌牛肉串，老少皆宜，每天限量销售。

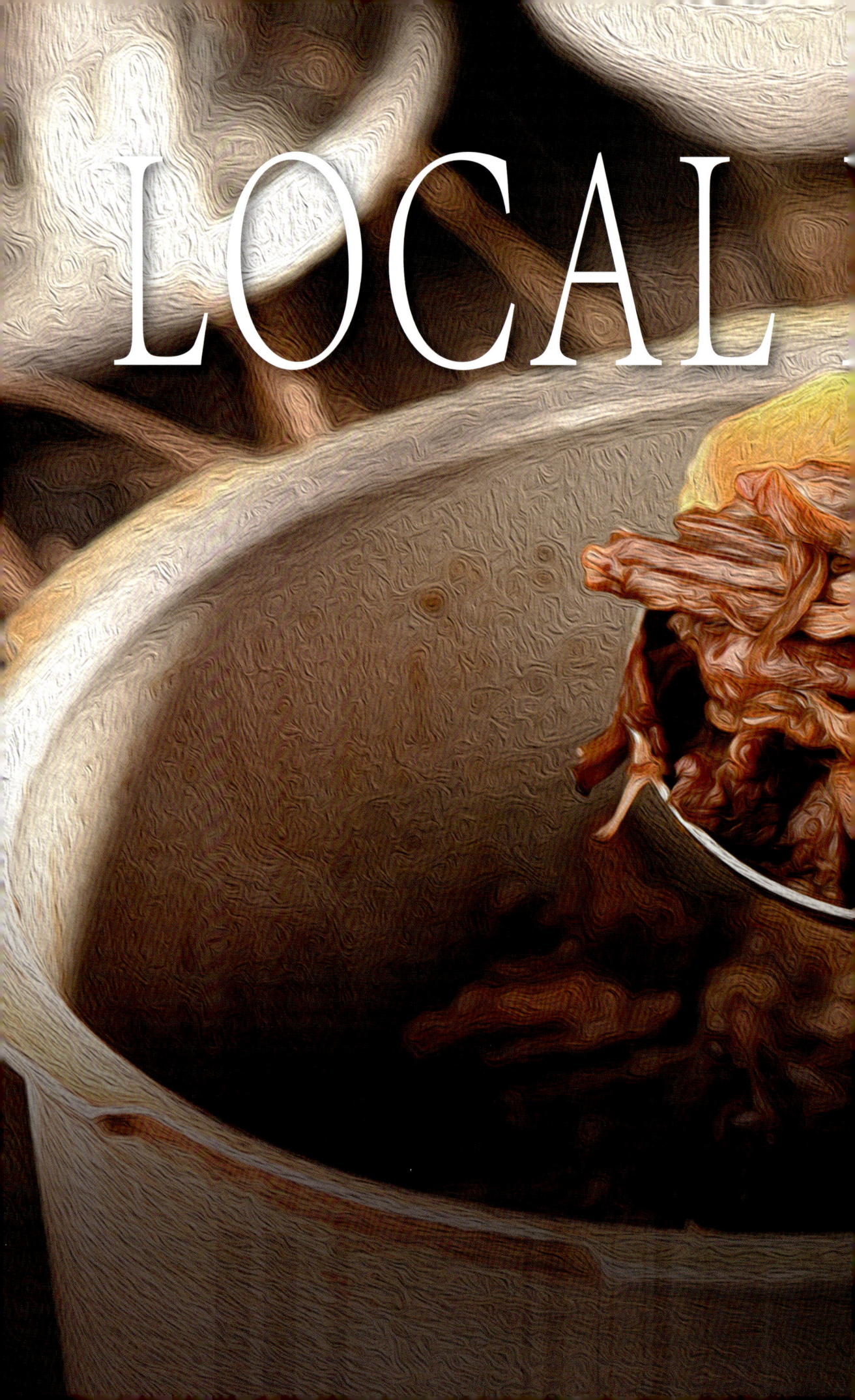
# LOCAL

## 酱焖鲫鱼

店内的必点菜品之一,活鱼现杀,3条7~8两鲫鱼,分量足,东北菜中的传统菜品,营养价值高。

亦庄店:北京亦庄经济技术开发区荣京西街荣京道B1-107
电话:010-87926467
富力又一城店:北京朝阳区豆各庄富力又一城C区路家小馆
电话:010-59641138

# 小锅焖牛腩

牛腩是中草药入味,高压锅炖好,直接上桌,牛腩半斤,肉质软嫩,老人小孩均可食用,并且还赠送两碗东北五常米。属于东北压锅菜中的一道新菜。

## 路家小馆

"长白山珍贵食材、大东北乡间美味",这是路家小馆的甄选食材理念。70%以上的食材从东北黑土地运到京城路家小馆。用长白山食材,保持原生态特色,以及健康的保障,永远带给您家的味道,永远让您在路家小馆吃的放心、吃的健康。在这纷忙喧闹的都市,新鲜的食材,及原生态的菜肴魅力无限。路家小馆是您温暖的驿站,也是您爱的港湾,在这里有妈妈的味道,有童年记忆,有喷喷香的菜,还有那白米饭,有干净整洁的环境,还有那热诚的服务与亲切的目光。

以"菜品好吃、服务温暖、卫生干净"的经营理念,让您在路家小馆感受到家一般的温暖、自如,体会东北人的待客之道。

以"健康、美味、原生态"的出品要求,烹制出地道的东北菜,力求原汁原味,让您在路家小馆感受到地道东北美食,品尝到大东北黑土地的珍贵食材。

"路家小馆忙,我的小食堂;菜品良心帐,爱你没商量",这是一个顾客写给小馆打油诗。我们不忘初心,继续前行。

# 潇湘臭鳜鱼

既然敢以龙虾搭配湘菜组合,怎能少得了头牌臭鳜鱼。采用新鲜的活鳜鱼进行腌制,在烹饪中配以正宗的长沙臭豆腐,细火烹调。非但无臭味,反而鲜香无比,肉质细嫩,每一口都能给你带来视觉、味觉和嗅觉的冲击。只想问一句,臭鳜鱼配正宗长沙臭豆腐,敢不敢吃!

万丰路店:北京市丰台区万丰路310号　　电话:010-53386588/83639188
工体店:北京市朝阳区工体西路8号　　　电话:010-57272727/57735777
7克拉店:北京市丰台区马家堡东路126号　电话:010-56235006/56235007

# 辣猫龙虾
## Lamoo SPICY CRAWFISH

辣猫龙虾是由辣猫餐饮管理有限公司董事长陈海先生于2016年5月创立的特色餐饮品牌。企业以传承美食文化，引领时尚潮流为己任，致力于打造民间特色餐饮品牌。无麻不成味，无辣则不欢。餐饮江湖经历无数硝烟更迭，如今的辣潮流当属红及京城的麻辣小龙虾和湘菜烧烤系列，而辣猫三者皆有，被誉为"黄金组合"。以秘制龙虾及正宗家乡湘菜风味，优质的餐饮服务，时尚新潮的装饰风格，获得广大消费者及同行的美好赞誉。

### 秘制卤虾

全新秘制卤虾满足你口舌全新的要求。卤制的方式不会破坏虾肉的纤维，保证虾肉的完整，同时Q弹的口感让人体会到全新的感觉。秘制卤味，是有着十年小龙虾口味研究的主厨最新制作，进化了烹饪的方式，保证了小龙虾的鲜美，让人回味无穷。

### 桔香手撕鸭

桔香手撕烤鸭选用麻鸭，在食、香、味方面达到完美境地。色泽鲜艳、香味浓郁、香而不腻、皮脆肉嫩、美不胜收。具有消化通气、开胃健脾、滋阴养肾、强筋壮骨、养颜美容的功效。在夏天，更是小龙虾的完美搭档！

### ◀ 掌门人：蔡雪晴

作为中国大型投资、文化、教育、餐饮集团掌门人，"我只做一件事：让中国历史上最美的生活方式，出现在您的生活里"，要把九朝会打造成最顶级的中式文化交流平台，给艺术以商业环境，给商业以文化增值是九朝会的使命。

为社会各界精英人群奉上具有九朝会独特国际影响力的中式餐饮文化的呈现方式，找到真正属于中国人的生活价值观。呈现出沉而不旧的生活体验，雅而有致的人文气息，从容自信的文化情怀。

九朝会是一个根植于中国母体文化的品牌，在深谙和继承中国传统文化中，来追求中国历史最美生活方式的当代呈现。是一家集粹历代筵饮笙歌戏宴文化，展示当代新中式空间设计及艺术造境，融餐饮、筵宴、文化、艺术、空间于一身的大型体验平台。走入九朝会，除了美食享受，还能欣赏到美丽雅致的新中式空间设计，各种文化艺术品陈设，各类私人定制的宴会、戏曲表演，从眼、耳、鼻、舌、身、意，给您一场全方位的文化体验，形成以客户为中心的餐饮经营新模式。

九朝会文化集团除了目前大家熟悉的九朝会文化餐饮板块之外，还有创意产业、绿色农产品、文化、教育、养老地产、公益慈善等七大产业板块业务。

地址：北京朝阳区北四环东路望京桥西北角39-1　电话：010-64395899/3699

## 秘制羊棒骨

羊棒骨的功效是性味甘温，有补肾、强筋骨的作用；羊棒骨的营养价值是富含骨胶原、骨类黏蛋白、弹性硬蛋白、中性脂肪、磷脂和少量的糖原等，适宜虚劳羸瘦、腰膝无力、筋骨挛痛、贫血者食用。

本店羊棒骨只选用全球优质羊肉产地澳大利亚或新西兰的羔羊腿骨，此羔羊腿骨肉香嫩顺滑、骨多髓鲜香。

**公益西桥店**：北京丰台区公益西桥北京华联商厦四层
电话：010-58310768

**济宁万达广场店**：山东济宁市太白路万达广场3层
电话：0537-2522199

# 鲜虾砂锅粥

虾粥可和胃气、补脾虚益五脏、增强人体免疫力

# 骨气鼓气

## 源自骨髓的精神

之所以开骨气鼓气羊棒骨店，完全是因为姥爷喜欢吃。姥爷毕业于黄埔军校，是一名军人。姥爷82岁那年，很想念他的战友，每次聚会，人越来越少了。十年前，上次聚会在北京跟战友们吃过一次羊棒骨，也不知道是因为感情，还是因为战友介绍的那家店做得好吃。吃完就再也忘不了那个味道了。但当年的店已不复存在，也无从查找。

我们不想让姥爷失望，经过我们及姥爷的一起努力终于开发出了今天的羊棒骨。

"骨气鼓气"是姥爷给取的店名。他说骨气是军人的灵魂，有骨气的军人才能鼓舞士气，战无不胜！因此，才有了现在的"骨气鼓气——羊棒骨"。

### 创始人 ▶

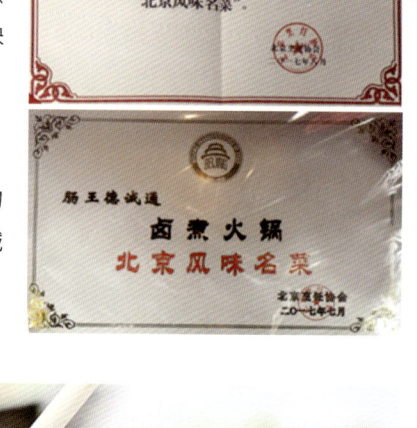

迟思刚先生，地道的北京人。他相信卤煮是有生命的，卤煮里有他的情怀、梦想和坚持。卤煮在和他朝夕相伴的过程中，照映着他自己的人生变化。

他是一个超级吃货，就算不做餐饮也会是一个超级美食家。在这十五年的卤煮历程中，他品尝过北京三四百家卤煮店的产品。每一次发现新卤煮的做法，似乎都是发现了一个全新的世界。从切配到制作，饮食文化中的点点滴滴，都让他痴迷、陶醉。肠王德诚通的卤煮，只要静下心来品尝，每一次都会有不同的味道。卤煮，本质上是他心灵的归属。卤煮走进他的生活，也走进了食客的生活。

## 肠王炭烧 | 荣获北京烹饪协会颁发的"北京风味名菜"

本产品是肠王创始人迟思刚先生，用优质的原材料（肠头）潜心研发，京城独家首创，受到很多专业吃货的追捧。此菜颠覆了常人对肥肠产品的传统认识。味型：淡淡奶香配上各种酱料会有不同的舌颤体验。

肠王德诚通深藏功与名，始创于2001年北京通州的深巷美食，初衷是源自吃货刚子哥的轴劲儿。16年精研一道肠王料理，只为做好一锅美食级别的卤煮。可溯源的大品牌食材、19味草本秘方、22道工艺。

**地址：** 北京通州区玉桥中路106号
**电话：** 010-81581885/13661128117

荣获北京烹饪协会颁发的"北京风味名菜"

## 至尊卤煮火烧

是将火烧和炖好的猪肠和猪肺放在一起煮，辅之以炸豆腐片、卤汁、加蒜汁、酱豆腐汁、香菜等辅料。使火烧透而不黏、肉烂而不糟，颇受人们的喜爱。选料精细，用料讲究，其肥肠软烂适中。其汤头味型特点：口感细腻，层次分明，酱香味适中，回口味甘，可以喝汤。

## 盐焗鸡胗

本产品是本店经得起时间考验的产品之一，是必点的一款美食。要先择一择，撸下来，用手搓一搓，撕开再吃。能让您回想起儿时灶火眼烧麻雀的味道。

中西合璧

## 原味杏仁豆腐

都知道"德和斋"是咱北京人自己开的馆子,所以当然做的是北京吃食。但是要问德和斋什么最出名,那还得是老板自创的中西合璧全北京独一份的甜品杏仁豆腐。那绝对是满满的好评,上至80岁老人、下至半岁的小朋友,无不喜爱。有人就为吃上它一口,以至于回国下飞机第一站就飞奔到"德和斋",吃完后满足地再打包走几个!

此甜品入口细腻绵软、甜度适中,一股淡淡的奶油香加杏仁的味道,可谓是老少皆宜。因外形酷似豆腐,所以才命其为——杏仁豆腐。

------

在原有老北京吃食的基础上尝试改革,并且一直秉承着只有自己爱吃的东西才能呈献给食客,不能掺杂半点虚假的原则经营店铺。

店内别有洞天,一共两层,干净整洁,偏现代风,有年轻人喜欢的高吧桌,也有适合中年人的就餐环境。

 地址:北京朝阳区甜水园东街7号(道家园小区对面)　　电话:010-85762798

## 香煎鲟鱼块

此菜点睛之笔在于农家的做法改为西餐做法烹制而成。鲟鱼肉含有人体所需的八种氨基酸，对久治不愈的腰疼、胃病、脱发等具有显著的疗效。黑椒具有解毒、止呕、消炎止痛的功效，口味微辣。

聚乐美食生态园（香花村海鲜楼）坐落于景色宜人的怀柔区富乐大街，西有京北古刹红螺寺，北有风光秀丽雁栖湖南临波光淋漓的怀柔水库，是通往各旅游景点的必经地所。店内设施设备齐全，主要以餐饮、住宿为主，总经营面积达7000余平方米。

自主研发特色创新"鲟鱼宴"，一改陈旧的做法，南菜北做，中餐西做。鲟鱼八吃包含中式做法、西式做法、宫廷做法以及农家做法。宫廷做法中又包含了两种每人一位的位餐，菜品高大上，价格接地气，深受广大食客喜爱。

地址：北京怀柔区富乐大街2号　　　电话：010-89685961

# 香花村海鲜楼

## 怀柔特色最新鲟鱼八吃自主研制

### 鲟鱼明骨捞饭

八吃中最为突出的代表作：松茸鲟鱼明骨捞饭，纯骨汤熬制，配以上等天然金瓜蓉调色，绝对不含任何添加剂，对于明骨则选取鲟鱼头骨中口感最佳的地方加以复杂制作，以及对于刀工要求极高！汤汁口喂香醇，明骨口感清脆！此菜前身为官府菜经本店自主研制改良，从口感，营养以及新颖上都有了质的飞跃。上餐时一人一位，不收取任何加工费。

### 蒜子焖鱼筋

此菜引用了官府菜的做法，以老鸡、老鸭火腿等上品原料，经过24小时慢炖、旺火冲汤的方法提取的浓汤，此菜汁浓味厚。蒜子具有抗癌、抗衰老、杀菌、保护心血管的作用；鲟鱼筋取自于鲟鱼背脊，含有抗癌因子，提高大脑活动，促进人体健康。

# 皇城小院

老老实实做人，实实在在做菜。京人京味京腔，美景美食美韵。一个从小在皇城根脚下长大的孩子，寻找着胡同里的记忆，回味着妈妈做菜的味道，从而把自家的房屋改造成了餐厅。把一些小时候的回忆与儿时的味觉记忆找回来，这里是街坊邻居喜欢回忆的聚会地方，也是外地旅游朋友感受老北京、感受京味美食的好去处。所有菜品不用转基因油、伪劣食材、添加剂，这就是我们的皇城小院。

 地址：北京东城区东皇城根南街76号　　电话：010-65228299

## 扁豆焖面

"扁豆焖面"是北京人喜爱的一道面食，做法虽简单，但吃起来却奇香！记得小时候，父母都是双职工，老爸买回切面老妈择扁豆，不大会儿功夫一锅连菜带主食的香喷诱人的扁豆焖面就上桌了，每次都吃个肚歪。

## 秦妈麻酱糖饼

小时候麻酱要凭本供应，老北京又最爱麻酱，老妈偶尔做一回放着红糖的麻酱糖饼，那一口咬下去，从嘴边流糖，幸福的感觉无法比喻。

# 秦府羊排

经过腌、蒸、烤、炸等多道工序,配有小院独特秘方制作而成,保持了羊肉焦嫩鲜香又不失粗放浓烈的口味。

# 娄三少 春饼

娄三少春饼店以京味菜为基础，川菜为借鉴，将传统春饼店进行了"老戏新唱"。有别于东北春饼的粗犷，更注重京味文化，将菜品的味道、品质、色泽、和精致放在第一位。可用春饼卷入传统的合菜、土豆丝、酱肉，也可卷入酥骨带鱼、红烧肉、外婆菜等非传统春饼伴侣。

店内所有菜品食材均经过精挑细选，皆为市场上优质的食材，保证其品质和口味的需求。

店内菜品价格亲民，口味上乘，口碑极佳，人气极旺，如果您去晚了那就可能得排队了。

- 广安门店：西城区广安门外红居街远见名苑4号楼底商
  电话：010-63323599
- 合生汇店：北京市朝阳区西大望路九龙山地铁上合生汇商场4层03号
  电话：010-52902996

## 三少红烧肉

选用优质五花肉，小火慢炖而成。采用的甜口制作方法，将多余肥油全部炖除，食用时保证口感甘香，且肥而不腻。

## 三少酱肘子

秘制料包酱制而成，肉质细腻，肥瘦均匀。虽为春饼必配菜品，但单吃一盘下酒也是美味无穷。京菜大师石万荣也对"三少酱肘子"给予了充分的肯定。

## 娄府酥骨带鱼

甄选最优质的舟山带鱼，压制到鱼骨全部酥软，可以直接入口，连鱼骨一起食用。用新烙的鲜热春饼卷菜时，加入一段酥骨带鱼，那滋味绝对新鲜。

# 正月十五
## DONGBEICAI 东北农家院

## 溜达鸡炖蘑菇粉

东北民间有这样一句话"新姑爷上了门,家里的公鸡丢了魂",形象地表达了小鸡炖蘑菇这道传统东北菜是招待尊贵客人必备的佳肴。溜达鸡是指在山地、果园放养的"笨鸡",肉质细嫩多汁,肥而不腻,瘦而不柴,相比于家鸡口感更好。搭配上野生榛蘑,营养价值更高、更鲜美。

旧宫店:北京大兴区旧宫镇小红门路底商30号-1　电话:010-67956313
宋家庄店:北京丰台区苇子坑125号　电话:010-87609913

# 排骨炖肉

原料选用上等猪肋排和最好的五花三层肉。单炖排骨发柴,单炖五花肉又腻。二者完美互补,不柴不腻,又能感受大口吃肉的酣畅淋漓。排骨炖肉无添加剂,在调味料中只选用了东北纯榨大豆油、酱油、大料、盐这些基本调料,极大地保留了食材本身的香味。

正月十五东北农家院是北京炭路者餐饮管理有限公司旗下的连锁品牌餐厅之一,餐厅地址分别坐落于大兴区旧宫、丰台区宋家庄。正月十五装修以东北农家院过年的喜庆景象,展现那片肥沃黑土地上的风土人情。东北黑土地上长出的食材本身就很美味,老妈酸菜鹅、乡村溜达鸡、东北杀猪菜、闯关东大煎饼、营养丰富的深山野菜和香喷喷的五常大米,都是地地道道的东北特色,展现了东北人热情好客、豪爽的性格。体会大口吃肉,大碗喝酒的畅意人生。我们的宗旨是以周到、真诚、个性化的服务,来满足宾客就餐过程中的需求。

## 烧黄鱼

烧黄鱼的咸、鲜、香是它的主题。而我店的做法,把这一主题进行了升华,配有香菇、笋片和五花肉的烧制,使色泽更加红亮,味道更加醇厚,老少皆宜。

## 松蘑肉焖饭

是一道饭、菜、肉融合为一体的蒸出来的老味道的菜肴。它是采用上等的松蘑和五花肉蒸制而成。蒸饭不用水，而以松蘑汤替代，这样的效果能达到味道鲜美，奇香扑鼻。

## 米粉肉

米粉肉是从准备到成品比较费时、费工的一道菜，用带皮的五花肉、大米和其他调料制作而成。米粉肉肥瘦有度，红白相间，肉糯清香，酥而爽口，肥而不腻，米粉油润不糜，五香味浓郁，肉香与米香通过烹调后的完美结合，味感达到至高境界。

宣南，指北京宣武门以南地区；居，常用作与楼、坊、轩、斋等并驾齐驱的饭庄字号上，代表着一种饮食文化品位的象征。宣南居的由来，在对北京菜系发展历史沉淀过程的尊重和菜肴制作追求精湛技艺上的传承。

宣南居，以京味为主，以传统煎炒烹炸等烹调手法，烹饪出甜咸酸辣香鲜的家常味道，自成一派，别具特色。

 地址：北京丰台区华源四里甲一号楼底商　　电话：010-63380833

# 知岳印巷
ZHIYUEYINXIANG

## 印巷东坡鸡

传统江浙口味、鲜甜可口。店家对食材的把控精益求精，每只鸡都是精选出生满月到40天、未配过种的正牌童子鸡。配上上好五花肉，放入陶钵，久经秘制，最大程度地保留了食材的营养和原味。鸡肉酥透，香气浓郁，入口软嫩的口感，配上鲜甜的酱汁，是道不可错过的美食。

搭配的东坡肉也是层次丰富，入口即化，香而不腻。减肥的妹子都要忍不住大吃几块。

---

知岳印巷用记忆中的味道，带为了心中信念而打拼的年轻人回家。

在这里，你可能吃到全北京最正宗的锅包肉！外酥里嫩，酸甜可口，表皮的酥脆震颤着牙齿，鲜香的糖醋汁刺激着味蕾。还有流传了七百年的宋嫂鱼羹，作为G20同款菜肴，自然是鲜嫩华润，味似蟹肉！当然，作为知岳印巷最卖座的"印巷东坡鸡"自然也是不能错过，酥而不烂、酱香扑鼻的东坡鸡，配上入口即化，大快朵颐的红烧肉，简直让人欲罢不能！

# 传统锅包肉

表皮的酥脆震颤着牙齿,鲜香的糖醋汁刺激着味蕾。一口咬下去,里脊肉的绵软和韧劲带来的幸福感和满足感是任何山珍海味都无法比拟的。

外**酥**里嫩
酸**甜**可口

地址:朝阳区光华路世贸天阶B1层
电话:010-52061065

# 奥华餐厅

奥华餐厅成立于1994年,是一家经营天津传统风味的家常菜馆,面向普通百姓,秉承"货真价实、诚信经营"的理念。既有天津名菜"罾蹦鲤鱼"做为招牌主打,也有传统的"虾仁面筋""全爆""黄焖牛肉"等10余种天津名菜。近年来又遍访天津名家,增添了多种地道的老少咸宜天津小吃:如"绿豆煎饼果子""锅巴菜"和"糕干""天津钙奶元宵"等。二十多年过去了,奥华餐厅依旧践行着"老味道从未改变"的宗旨;以富有天津特色的菜品和小吃,赢得了广食客青睐和美食评论家的认可。奥华餐厅已经成为北京城里经营天津菜的老字号,是北京老城里天津风味餐馆的"代名词"。

## 罾蹦鲤鱼

天津传统名菜,以带鳞活鲤鱼炸溜而成。因其造型犹如鲤鱼在网中挣扎蹦跃,故得名罾蹦鲤鱼。特点是鳞骨酥脆,肉质鲜嫩,大酸大甜。尤其是趁热浇以滚烫的卤汁时,热气蒸腾,香味四溢,热鱼吸热汁,吱吱声不绝,视觉、听觉、嗅觉、味觉俱佳,格外增添食趣。

## 皮皮虾锅贴

选用上等优质皮皮虾，手工去壳，整只皮皮虾肉包裹在其中。改良传统锅贴做法，使得每只锅贴外皮酥脆，色泽黄焦，再配上特制的三伏独流老醋，吃起来鲜美溢口，回味无穷。

## 虾仁独面筋

天津的特色菜，面筋是天津特有的油面筋，油面筋块儿比较大且厚实筋道，能把浓浓的汤汁都吸收到面筋里，吃起来真的耐人寻味，虾仁独面筋中的"独"字是取谐音，其意为"咕嘟"。

### 奥华餐厅

地址：北京东城区台基厂大街20号
电话：010-65244021/65231017

## 十全牛尾汤

十全牛尾汤,选用鲜牛尾,加以人参(人工种植5年)、鳖裙、虫草花、桂圆、莲子、腰果、山楂等珍贵食材,匠心熬制数小时。精选优质的黄牛中下牛尾,性味甘平,富含胶质、多筋骨少膏脂,风味十足。

# 辉佐饮食®
## HUIZUO FOOD

辉佐餐饮管理北京有限公司始创于2012年5月,是国内首创的参鸡汤连锁企业。并致力于将传统美食与现代化健康理念完美结合,努力打造健康且有品质的生活方式,用专业的品质打造健康、营养和美味的第一品牌。

吃食是一种幸福,品味是一种情趣,健康是一种理念。来辉佐饮食,至善至美,一汤一味。

# 辉佐参鸡汤

参鸡汤起源于我国朝鲜族，在韩国也是一道非常著名的菜肴。他的做法较为天然，使得汤清无油，非常健康。竹荪百合参鸡汤，汇集多种药食同源汉方食材精心炖制而成，鸡肉紧密细嫩，鸡汤清淡鲜美、营养价值极高，四季食用皆宜。

望京店：北京朝阳区阜通西大街合生麒麟社商业中心7号楼CF105A
电话：010-57389555

王府井店：北京东城区王府井大街 218号图书大厦B1层
电话：010-65130095

朝阳门店：北京朝阳区朝阳门外东岳庙西侧唐缘209
电话：010-56025999

### ▲ 创作人

吴富豪，1983年出生，四川成都人，中国烹调技师、国家考评员、亚洲金勺大厨、全国第二届创意大赛（燕龙杯）特金奖获得者，现任溢香满园餐饮管理有限责任公司常务副总经理兼出品总监。

　　北京溢香阁餐饮管理有限公司是一家集北京烤鸭、川湘鲁粤菜、醇香饮品于一体的综合型特色餐厅。本餐厅经专业团队装修设计、合理布局，大厅内设亭阁式、沙发式、雅座式休闲用餐区以及大中小型包间，是您品尝美食、休闲娱乐、商务宴请、亲朋好友聚餐的理想选择！

　　我们将以热情的服务、优雅的环境和各类美味佳肴，热诚期待周边老街坊以及五湖四海朋友们的大驾光临！

 **地址**：北京朝阳区安贞西里五区1号楼101号　　**电话**：010-57208799

### 大别山里的吊锅饭

　　大别山主峰白马尖海拔1777米，由于地理气候潮湿，居民生火取暖、常以柴火支架吊锅做饭，久而久之形成了吊锅饭的命名。吊锅传热快，米饭不易冷却、烧糊，易吸水。煮出的米饭干爽、无水气，似蒸笼蒸出的糯米饭。一粒粒有弹性、香甜、口感好。炒出的菜浇盖在米饭上，油汤浸入米饭，浸入锅底中，经大火烧制2分钟，锅巴金黄香酥，不粘锅。

### 麻酱糖饼

　　这种糖分和淀粉质偏高的组合禁不起细究，较之氨基酸蛋白质胆固醇脂肪组成的菜品，相形见绌。麻酱糖饼的饼皮相对不油、酥脆、切得齐整，握在手里能挺起来，相当干练，分层也麻利，主食性大于甜品性。麻酱糖饼与豆汁堪称老北京人的下午茶。

# 浆水飘香鱼

浆水是一道历史悠久的传统名菜,相传始于秦朝末年。此菜采用传统浆水的发酵制作工艺,专人制作,专用储藏设备,使食材充分的散发着原有的营养和香味。在调制时加入葱、姜、蒜、大红袍花椒、秦椒段,用菜籽油煸制、炒香。使其香味更浓郁,备受食客青睐。

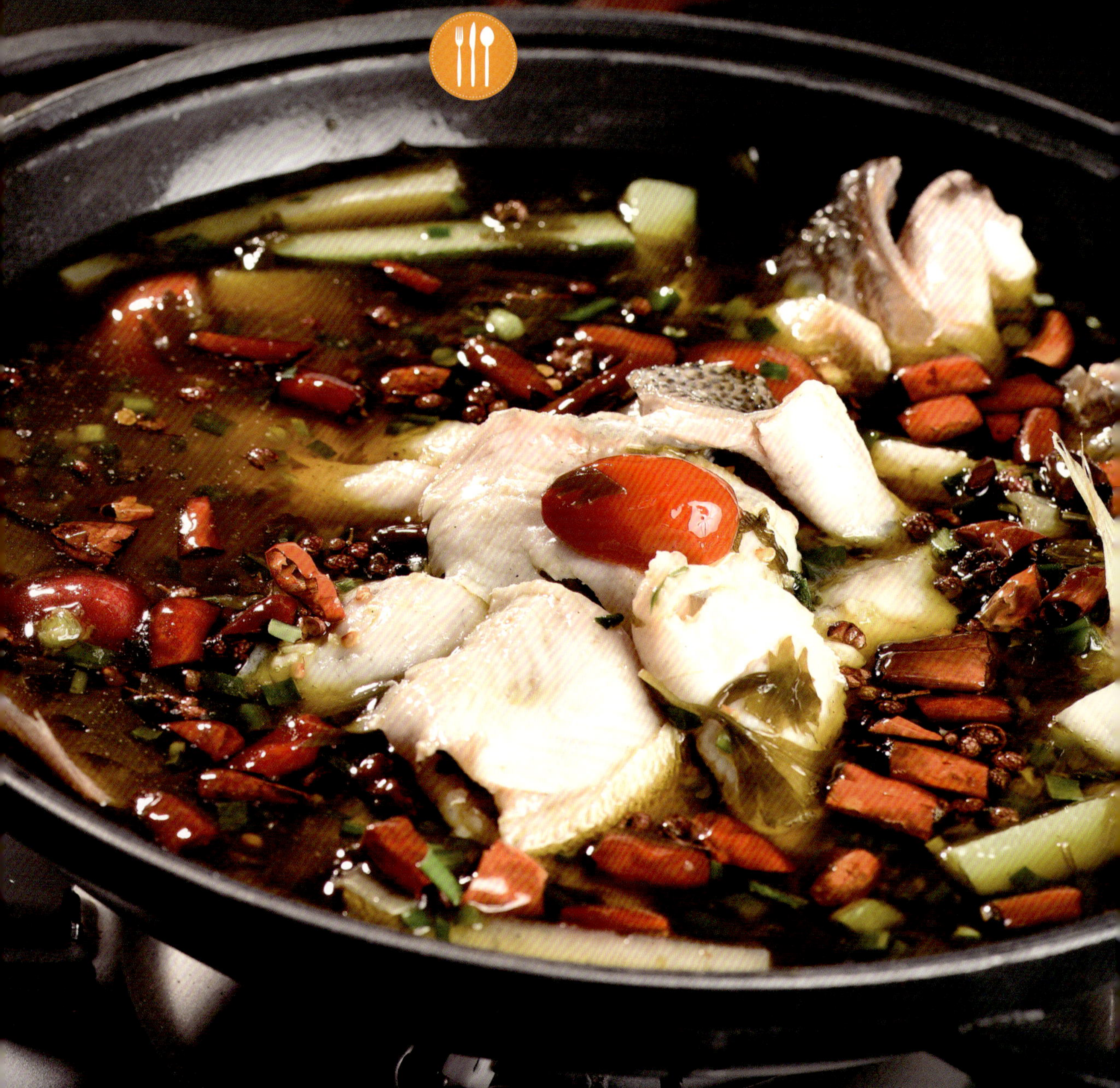

花园桥店:北京海淀区西三环北路87号国际财经中心B座
电话:010-88825509

奥运村店:北京朝阳区安翔北路10号科运楼一层(306医院东侧)
电话:010-66355580

齐家陕菜是一家主营陕西菜，致力于弘扬陕西传统饮食文化，为百姓家庭提供绿色、健康、优质饮食服务的连锁品牌。"齐家"取自《礼记·大学》中的"修身齐家治国平天下"。"齐家"亦为"家庭团聚，和谐兴旺"之寓意。

本店菜品选用多味名贵中草药熬制为汤，用料考究，味鲜汤美，保证了汤品的辣而不燥，鲜而不腻，香气四溢的特点。不仅把汤料特有的煎、稀、汪、酸、辣、香完美的融为一体，更为打造绿色的健康美食而专注前行。

## 大唐肘子

亦称"带把肘子"，是陕西大荔极具地方特色的一道传统名菜，属秦菜系。色、香、味、形俱佳。色泽枣红，如把柄，故称"带把肘子"。它的用料别致，不同于其它肘菜。肘子带骨带蹄，成菜如丘，造形别致、丰满，堪称"盘中一王"。此菜最大特点是酥烂不腻、香醇味美。

## 羊肉泡馍

原料有羊肉、葱末、粉丝、糖蒜等，古称"羊羹"，西北美馔，尤以陕西西安最享牛羊肉泡馍盛名。烹制精细，料重味醇，肉烂汤浓，肥而不腻，营养丰富，香气四溢，诱人食欲，食后回味无穷。

齐家陕菜泡馍原材料均采自西安回民坊上，味道纯美，肉质鲜嫩，深得顾客们的喜爱、美赞。

# 湘九

"湘九"一个全新的湘菜品牌。在当今这个强调新鲜、健康、绿色、环保、低脂的大潮流下，"湘九"选材严格、独特。大部分的食材都是从湖南本地直接发运过来，有芦苇笋、干刀豆、芋头丝……用油也只用茶油、菜油、自炼大油、品牌素油。按照湖南当地的做法，结合本地的口味，精工细作，严控质量，把最原生态、绿色、营养、健康的美味展现给广大食客朋友。让您吃得放心、舒心，这也正是我们的良心之所在。

### 南荻笋芦苇笋

是本店招牌及特有，洞庭三宝之一，又称"洞庭虫草"。是采集洞庭湖区无污染的阳春三月出土的野生芦苇嫩茎(芦苇芽)制作而成的，是中老年人的上等保健食材。

### 湘九自制臭鳜鱼

臭鳜鱼，徽菜的代表，但两湖地区却有自己独特的制法。我们选用约七两重的新鲜鳜鱼仔，辅以店内秘法制作。口感香嫩，肉质紧密，味道浓郁，唇齿留香，是客人必点的招牌菜品。

**广安门店**：北京西城区广外南街63号西翠之旅宾馆旁
电话：010-63438668/51861729
**大兴店**：北京大兴区兴华北路彩虹新城北门68号
电话：010-69209990

# 湘九爆头小龙虾

本店招牌菜。选用精品、满肉、白鳃、鲜活的小龙虾,去头、脚、虾线后,刷洗干净。按照益阳当地五门闸爆头虾的做法,结合长沙口味虾的做法独创而成。辅以从湖南发过来的清水碱面拌吃,干净、鲜美、口味独特,备受广大食客赞誉。

## 张氏狮子头

羲和总经理张钧先生祖母的私家秘方，后经改良加工，配上香喷喷的白米饭，入口软浓，汤汁浓郁。为支持"中国残疾人福利基金会"，每点一份张氏狮子头都等于为公益积极献爱心1元钱。

XIHE

# 北京羲和雅苑烤鸭坊
## XIHEYAYUAN BEIJING DUCK RESTAURANT

羲和国际餐饮机构是一家传统与现代兼容、致力于弘扬发展中华饮食文化的餐饮机构。依托旗下"羲和雅苑"及"羲和小馆"及新加坡同乐集团合作品牌"新加坡海鲜"及"羲和同乐",以固有的青砖灰瓦、雕梁画柱式的明清四合院装饰风格的就餐环境,与坐落周边的国际级商厦与写字楼相映成趣,鲜明衬托出现代与古典的完美契合。力求实现高贵在典雅中找到和谐,典雅于高贵中得以升华的新餐饮文化理念。

羲和烤鸭创新改革,赋予了这一北京传统名吃崭新的风味。烤鸭部主厨十八岁师从全聚德,年轻有为,技艺精良,在业内获得广泛赞誉,并多次赴美国和日本与同行进行业务交流。羲和烤鸭所选的鸭坯是生长在雁栖湖边上的"四期鸭",这种鸭养殖期为40天,重5.8~6斤。烤制的过程采用传统的挂炉技法,选用烟少、燃烧值高的杏木进行烤制。烤鸭出品呈深枣红色,红亮剔透,香气扑鼻,沁人心脾。

## 羲和烤鸭

地址:北京海淀区中关村大街15—3(近海淀中街) 电话:010-51722256

旺顺阁总裁　张雅青

　　旺顺阁鱼头泡饼，始创于1999年，一年卖出2亿元。每年销售大鱼头300万斤，平均每分钟卖出2个旺顺阁大鱼头！两次登上《舌尖上的中国》；被中国烹饪协会授予"中国名菜"的殊荣；曾创造"世界最大鱼头泡饼"的世界纪录。

　　旺顺阁鱼头泡饼，选用千岛湖的野生鳙鱼。除了食材优秀，手艺也是关键，旺顺阁鱼头泡饼至今已经做了18年，积蓄了很多厨师的技艺和经验，无数客人的品鉴和检验，定会在今后精益求精，创造更多美味与佳绩。

奥体店：北京市朝阳区奥体东门向东100米路南　　电话：400-660-0919
常营店：北京市朝阳区朝阳北路华联购物中心3层　　电话：400-660-0919

# 旺顺阁鱼头泡饼

誉满京城，桌桌必点。配方独特，工艺严谨，鱼头不提前腌制，无任何添加剂，不过油煎，也不勾芡，配以秘汁垮炖，祛除腥味，色泽红亮，香气扑鼻，诱人垂涎。烙饼要现烙现吃，纯手工制作，外脆内韧。

## 自制泉水豆腐

纯天然绿色食品，采用优质黄豆加矿泉水磨制而成，配以鲍汁辣椒酱、三合油、韭花酱、萝卜干粒、小葱花，滑嫩可口。

## 金蒜牛小排

荣获"海峡两岸十大名菜"称号；选用上等去骨牛小排和蒜瓣爆炒，肉质嫩滑，蒜香浓郁，口感软糯香醇。

## 兰溪小馆

江南菜

# 火 龙 鱼

旧时，江浙渔民终年以船为家。做饭时没有木材无法生火，船家便把打捞上来的河鲜放入锅内，再放置自酿的米酒，点燃使米酒在锅内充分燃烧，待米酒燃烧完后，河鲜即可食用。锅内河鲜酒香扑鼻、肉质细嫩、鲜香可口。兰溪小馆沿用传统的制作方法，选用精选食材，传统手法制作，秘制酱料、鲜活食材，北京独一份。

凉月如眉挂柳湾，越中山色镜中看。兰溪三日桃花雨，半夜鲤鱼来上滩。

兰溪小馆的原材料采自于兰溪，好食材，好味道，用心做好每一道菜。北京兰溪小馆餐饮管理有限公司，开业六年，现有直营品牌店三家。总店位于风景秀丽的香山公园北门，仿古式的建筑，门口郁郁葱葱的绿竹。坐在透明的玻璃阳光房内，远眺香山公园全景。店内悦耳的苏州评弹，喝上一口兰溪招牌老鸭汤，时光自此静止。

- 香山店：北京市海淀区香山公园北门停车场北侧
- 电话：010-82590630
- 北新桥店：北京东城区东直门内大街277号(北新桥地铁站B口出站即是)
- 电话：010-64093360/64093350
- 诚盈中心店：北京朝阳区来广营西路诚盈中心1号楼2层
- 电话：010-85926676/85926680

# 弄堂牛肉

弄堂是传统的民间住宅，承载着人们对江南地区的诗意与幻想。在江南，弄堂住宅里的食可谓讲究颇多。兰溪弄堂牛肉，容器采用江南纯手工砂锅熬制。配以独特香料，酱香味浓，软嫩适中，老少皆宜。牛肉补脾胃、益气盘、强筋骨，对水肿、腰膝酸软、除湿气有一定功效。

### ◀惠丰堂鲁菜第十二代传承人

胡建军，惠丰堂鲁菜第十二代传承人，中国烹饪大师，高级技师，本科学历。师承鲁菜泰斗王义均，北京市海淀区非物质文化遗产传承人——惠丰堂鲁菜制作技艺。

---

惠丰堂饭庄始创于1858年清咸丰八年，堂址设北京前门外大栅栏观音寺街。光绪二十八年（1902年）山东釜山人张克宣(字哲臣)携800两白银盘下本堂，以烹制纯正鲁菜，扒、烩、爆等技艺在京城独树一帜。慈禧闻疑，遂令提菜肴入宫，品后倍加赞赏，亲题牌匾，赐宫廷圆笼扁担、御用提盒和腰牌，可随时入宫。

本堂作为原京城八大堂仅存之唯一，不断传承技艺，使之发扬光大。历任堂主12代；烹调技艺传承6代；其烹调方法独特、技术复杂、烹调技艺严谨，2009年被列入"非物质文化遗产"名录。

惠丰堂作为拥有跨越三个世纪的"中华老字号"饭庄，将秉承老堂主之习训，继历史之传承、取现代之精华，不断开拓，续写新的世纪篇章。

1店：海淀区复兴路33号翠微大厦对面　　电话：010-68271507
2店：海淀区西北旺镇唐家岭新城6号楼　　电话：010-56253300
3店：海淀区府成路150号蓝润大厦二楼　　电话：010-62566450

# 惠丰堂烧烩爪尖

慈禧太后最爱吃的一道菜,曾多次获得国内外大赛金奖,被评为中国餐饮名菜。此菜先烧后烩,富含的胶原蛋白,具有美容养颜等功效。

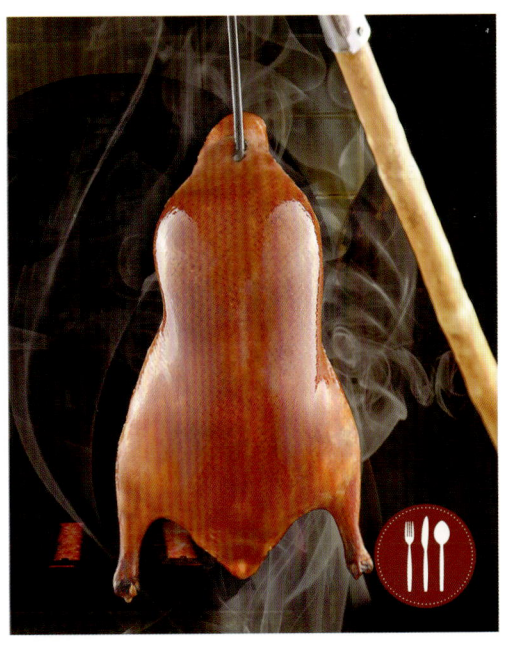

## 老佛爷养生鸡

百年传承宫廷秘方,经过12道程序(宰杀、脱毛、排酸、去腥、冰浸、药浸、填膛、煮制、浸泡、焙干、熏制、油封)纯手工制作而成,肚藏七宝,口口生香、温中益气、强筋骨、活血脉等功效。

## 惠丰堂慈禧烤鸭

慈禧烤鸭独树一帜,有自己的特色。皮酥肉嫩、不腥、不柴、入口生香。烤制时脱油降脂,有益于身体健康。通过多种蔬菜汁融合后达到了酸碱平衡。

尹彪,1986年生,北京人,印巷小馆创始人,创立了"印巷小馆""懂事儿""猫师傅""虾吹牛"等餐饮品牌,曾荣获"北京杰出青年"称号。从2009年创业至今,仅用四年的时间做到了年营业额超过1亿元。

2009年鼓楼开业第一家印巷小馆。

2011年在北京电视台荣获特别推荐餐厅之一。

2012年在北京大众点评网荣获"北京最受欢迎餐厅"的称号。

2013年在《中国好味道》评选中,名列前茅。

2014年在朝阳美食节中,被评为最热门餐厅之一。

2015年在大众点评网荣获"北京人最爱TOP10餐厅"。

2015年印巷小馆荣获"2015最具投资价值餐饮品牌"。

2015年印巷小馆携手CCTV《中国味道.寻找传家菜》成就美食创业梦。

### 酱爆肉丁

传统的京鲁菜。此菜曾是厨行考高级技师的必选菜,精选猪肉颈、上浆、过油至香脆,用香油炒透黄酱,加糖后裹匀肉丁,色泽金红,鲜咸微甜,酱香浓郁。

### 醋溜海参

源于民国时期润明楼。由宫廷菜传承人王希富老先生亲传,将海参发透煨软,泼汁拢芡,装盘撒香菜。海参软糯,酸鲜利口,风味独特。

# 懂事儿

## 糟汁肉

民国时期八大楼的名菜。精选五花肉和特供黄酒、糟泥，经腌、炸、蒸、烧、扣等多道工序制成。口感软烂鲜香，咸甜适口，糟香浓郁，老少皆宜。

　　"懂事儿"主题文化餐厅，主打北京胡同菜，人均消费80元左右。在装修风格营造了老北京时期的氛围，具有一种穿越感。

　　老北京有句话"有里有面儿"，也就是说这人把事办得周全到位，既在场面上足够体面，事本身也讲规矩重礼数。"懂事儿"就是这样一家餐厅，铺面装潢大气、有面子，而主打的京味菜品也地道，有里有面儿全齐活了，用80后北京土著老板尹彪的话讲"来懂事儿吃饭的人都懂事儿！"

地址：北京东城区东直门外斜街察慈小区11号楼
电话：010-84462006/84462008

# 表妹
## 香港靚點餐廳
BIUMUI HONGKONG LENHDIM CUISINE

### 金牌烧鹅

港式美食的代表菜品之一。我们对于鹅的品种、体重、生长周期，都会有严格的把控。烧鹅师傅对于各种调料和制作温度的运用，甚至包括出品前的剁、砍等手法处理，都会影响到烧鹅的整体口感和呈现到食客面前的直观感受。我们本着秉承传统的理念，让生活在北京的北方人尝到正宗的港式美味，让在北京生活的香港、广东人尝到家的味道。

金地店：北京朝阳区建国路91号北京金地中心3层
电话：010-65381881
凯德店：北京海淀区复兴路51号凯德晶品购物中心LG层
电话：010-68260996

# 铁板靓叉烧

  由传统的港式叉烧改进演变而来。将腌制好的叉烧以叉子串起，进入 270℃的烤炉烤制 20 分钟，至边缘出现焦状时取出，淋上蜜汁；再放入烤炉烤至表面呈乾亮，再淋上蜜汁。这样的叉烧肉会更加柔嫩多汁，同时铁板的温度也会将叉烧的浓香烘托得更加诱人。

  这是一家有故事的餐厅，来到这里，遇见表妹，您可以随意谱写属于自己的故事……
  "表妹"并非止步于"靓点"，这里除了主打港式烧味、私房小炒以及特色饮品外，还有各式憨态可掬、萌劲十足的茶点。菜品不仅中西结合，还有分子料理与菜肴相融合。这些菜品不仅充满了年代感，而且造型形象逼真。既给予人们亲切的意境，又在文静里透着活力。靓点师傅们更是通过精心的烹调来满足时下年轻一族口味多元化的需要。

　　"孔乙己"品牌始创于1993年。二十多年的风雨历程，二十多年的沉淀与累积，将徐徐绽放。历史，名人，社会，品味；美酒，名菜，香茗，典故。不经意的点缀，不经意的诉说，不经意的悠然，让您在品吴越传的同时，穿越回吴越纷争的经典，漫步于江南水乡的惬意，触碰"凤头钗"的刻骨铭心，感受"兰亭序"的潇洒名士之风。对革命的纪念，对鲁迅精神的传承，对社会的回馈，对未来的希冀，是孔乙己人的责任与使命。

　　孔乙己的佳肴由名厨大师精心准备，调试而成。江南小菜，江浙经典，浓味锅香，水乡蒸菜，江南水鲜，炖盅汤羹，江南随点，以及精美甜品八大单元，不仅满口江南余香，且融合了北方菜肴的特色，更能沁入京城人的心脾之中。走进孔乙己，马上带您低回吟诵这江南之秀，这绍兴之美。

 **地址：** 北京西城区东明胡同乙2号　　**电话：** 010-66184915/66184917

## 乙己特色狮子头

　　此菜在很多菜系中都有不同的演绎。"孔乙己"的狮子头选用更加细腻的五花肉做主料，刀工决定了这些细小的肉丁在口中融化的时间和频率，保留口感的同时，最大化地发挥肉的香气。而豆渣替换淀粉，保留原味的同时，口味变得更加丰富。加入笋和马蹄、河蚌肉等，更是产生出跳跃的口感，软糯华润，醇厚鲜美。

## 萝卜丝烧带鱼

选用舟山带鱼,肉质细腻入口即化、没有杂质,满口鲜香,回味微甜。萝卜一定要飞水去腥,与带鱼一起烧制不会压制带鱼的鲜香。反而会吸收带鱼的鲜味,与本身的甜味相结合,绝对是完美的组合。

　　首家餐厅创建于2014年4月。由两个西北小伙创办，从小时候在黄土高原跟随家族长辈务农成长，对西北面食有着根深蒂固的"麦家"情怀。因家庭贫寒，未成年辍学，在西北跟随名厨学艺，因肯吃苦，为人诚恳，得以名厨指教。善待朋友如家人，得以友人相助来京学习16年之久，积累经验。永不忘以诚实、诚信为本的经营态度。以"真材实料"为经营理念，打造京城麦家小馆，传承西北面食文化，弘扬中华民族精神，努力创造一家好朋友相聚、同事聚会、家人汇聚的最佳餐馆。

**荣京道店**：北京大兴区亦庄开发区荣京西街荣京道底商103
电话：010-56106133
**学清路店**：北京海淀区学清路汉华世纪大厦一层
电话：010-60606817

## 内蒙羊羔肉

选用内蒙古东乌旗草原散养年龄1岁，重18～22公斤的"黑头白羊"，肉质特点不肥不膻不腻。

# 西北手工凉皮

"劲、薄、嫩、香、爽"纯手工制作的凉皮新鲜出锅,搭配店家秘制的辣椒油、蒜汁、调料水和浓郁的麻酱,吸溜吸溜一块儿下肚,就是夏天最惬意的吃法。

# 招牌削面

精选前尖肉,切制成大拇指尖大小形状的块状,加入香料(28种香料配方)及盐、酱、醋等佐料,小火慢炖6小时。让肉的香味渗透到光滑、爽口、劲道的面条中,吃起来绝对让你回味无穷。得到了来自于五湖四海和生活在京城的消费者的称赞。

"故香思"品牌公司成立于2009年,门店分布在北京、山西等地。创始人田治瑞先生专注餐饮二十余年,兢兢业业。用真材实料,做良心品质,只求为顾客创造健康的、不同的味觉体验。公司秉承"匠人精神",为顾客烧好每一个鱼头、熬好每一锅粥、做好每一道菜。我们一直在为服务好顾客和员工,不断地自我超越。

**企业服务宗旨:** 绿色、健康、快速、诚信!

**企业经营理念:** 不断追求卓越!

**地址:** 北京海淀区双清路88号华源世纪商务楼2层(清华大学东南门50米)
**电话:** 010-82526138

# 烧鱼头

选料精细、严谨。经过几十年的研制,不断地改进,形成独特的口味,嫩滑、独香。其营养价值非常高,富含人体必需的卵磷脂和不饱和脂肪酸。对降低血脂、健脑及延缓衰老有好处。俗语说"一个鱼头一枝参"。

# 干贝虾蟹粥

打破了传统的粥底熬制方法，用50多个小火灶，一锅锅现场熬制，锅锅食材新鲜。砂锅不含对人体有害的任何元素，熬制过程中有效地保护了食材的营养成分不流失。熬制出的粥，营养价值高，是健康养生的好选择。

故香思
潮汕砂锅粥 烧鱼头

品牌创始人：田治瑞

## 西安葫芦鸡

是西安汉族传统名菜，始于唐代。葫芦鸡的制作分为清煮、蒸笼、油炸三道工序。色泽金红，皮酥肉嫩，香烂味醇，筷到脱骨，而且鸡身完整似葫芦。人们把用这种方式烹制出来的鸡叫做"葫芦鸡"，一直流传至今！

## 榆林横山铁锅炖羊肉

就是用优质的横山山羊肉，横山的地椒草、横山的红葱和横山的沙土豆制作而成。在横山当地，它还有一个响亮的名字叫"打平伙"，为了庆祝丰收的喜悦，几家人凑在一起，宰一只羊炖在一个锅里，拼在一起叫拼伙，所以也叫打平火炖羊肉。

所谓"秦烹"一词源于北宋大文学家苏东坡的"陇馔有熊腊,秦烹惟羊羹",而这里的秦烹说的就是陕西美食。八百里秦川,两千年文化,秦腔秦韵的陕西美食,是陕西老百姓长期以来的饮食文化的积淀。我们遵循现代人追求绿色健康饮食的要求,使用最原始的工具、采用最笨的方法、引进原产地食材,为您烹制原汁原味的陕西美食。

**地址:** 北京市门头沟区梧桐汇商业街南口　　**电话:** 010-57185518

古井贡酒·年份原浆 朋源来酒楼

# 宫爆鸡丁

  一道闻名中外的特色传统名菜，辣中有甜，甜中有辣。本店的宫爆鸡丁用的是鸡胸肉而不是鸡腿肉，为了解决鸡肉发柴的口感，我们在刀工上下功夫，在鸡胸肉上面打上小花刀，使它能多吸收水分。用独特的上浆手法，使其保持住水分，口味为大荔枝味。宫爆鸡丁入口之后，舌尖先感觉微麻、浅辣，而后冲击味蕾的是一股甜意。麻、辣、酸、甜包裹下的鸡丁，搭配上腰果、核桃仁、杏仁三种坚果，使人欲罢不能。

朋源来酒楼于2009年开业，坐落于石景山与门头沟区交界永定河畔。本店交通便利，从四环到本店只需要20分钟，处在是京西旅游的必经之路上。

我们的宗旨是为顾客提供更好的大众口味的菜品，亲民的价格，以及周到亲切的服务。

地址：北京门头沟区滨河路79号院　　电话：010-69838603

# 白水羊头

白水羊头色白洁净、脆嫩清鲜、软嫩清脆、醇香不腻，佐餐或下酒皆宜。

白水羊头是由羊头肉为主要食材做成的一道菜品，是源于北京的一道回族菜肴。选料严格，制作精细，蘸着特制的椒盐或者蒜汁吃，软嫩清脆、醇香不腻，风味独特。

一群70后，和他们的70后餐饮，诞生在北京的母亲河——永定河畔。

在这里有免费的大米饭、大麦茶、大碴子粥、炸虾片，自己随便盛；查干湖野生鱼、池塘活鱼自己选，摆在桌上自己炖。随意得好像是在最好的朋友家做客，在这里你可以喝酒、吃饭、交流，看着眼前的物件，谈论着对儿时的记忆。不仅吸引着70后、80后、90后，甚至也有60后，也是释放怀旧心情的好去处。

 **地址：北京市门头沟区梧桐汇商业街南口**　　**电话：010-59468912**

# 铁锅三样鱼

　　锅内有鲤鱼1条、鲫鱼2条、退鳅鱼2条。退鳅鱼来自长江支流野生鱼，一如江团。鲜嫩无比、老少皆宜。

　　铁锅三样鱼，采用东北特有的铁锅炖菜方式，铁锅炖制。加上采用调配秘制汤料，经过慢炖，让鱼肉的滋味充分溶入到汤及配菜中，充分吸收汤的铁元素。尝一口鱼肉，筋滑鲜香；品一口蔬菜，香气四溢有滋有味。

## 酱焖查干湖鱼

"70后鱼馆"的胖头鱼都是来自东北查干湖的野生鱼，查干湖老鱼把头石宝柱曾多次不远千里来到我们店里指导。查干湖是中国最后保留下来的原始冬捕渔猎文化部落，鱼也是"美在自然，贵在原始"。因为它是在大湖里野生的，所以一年只长一斤。我们同时也用东北传统的酱焖手法，加上我们的大厨独特的调料进行了改良，炖出的鱼肉紧实而不失鲜嫩，健康而美味。

# 天毓山莊 兆暉題

## 炒烤羊腿

选用藏绵羊前腿,重约3斤。此羊在高寒环境下摄入草原上各种中草药。肉质细腻、鲜嫩、高蛋白、低脂肪、营养价值高是这道菜的关键。口感脆、酥、香、弹是此菜的巧妙之处。小火慢炖3小时,软烂入味,去骨片薄;撒上秘制酥炸粉,炸制而成。蘸料独特,来自高原的自制中粗辣椒面和炒过的孜然颗粒 秘制鱼腥草的香辣配方。

 地址:北京房山区周口店镇辛庄村　电话:010-69306878/13810751054

　　天毓山庄是一座具有浓郁欧洲风情的园林式小镇，集餐饮、住宿、会议、娱乐、运动、健身、观光、采摘、种植、喂养、烧烤、篝火等为一体的大型休闲、度假、园林式酒店。天毓山庄主打养生菜系，其中蔬菜全部采用自主专利设备"非农药杀菌器"在自有基地自行种植。包括种植各种中草药，与精心挑选的原生态食材有机搭配，形成绿色、无污染、口味新鲜独特，让百姓在享受真正的养生中体现快乐。

# 鱼腥草焗红皮小土豆

　　来自云南冷泉、深山的原生态红皮小土豆，是土豆家族中的冰激凌。土豆极其细腻、香糯、沙面。用盐焗过的小土豆，皮裂开了但很坚韧，瓤真的可以用勺擓着吃；鱼腥草、薄荷、火腿丁、土豆的原香加辛香中草药及火腿的复合香味，是这道口味的特点。

# 港味烧鸭

　　精选绿色成长的农家白鸭,用粤港城特制烧鸭料腌制,再经过 500℃高温烤制后,油润光亮、肉质滋嫩酥脆鲜香。烧鸭性寒、味甘,具有补虚劳,滋五脏之阴,清虚劳之热。由于脂肪酸熔点低,易于消化,所含维生素 E 能有效地抵抗脚气,还能抗衰老。

# 御品榴莲

　　正宗香港大师傅配方,秘制工序,东南亚精品榴莲,品相水嫩欲滴,吹弹可破,口感香糯顺滑,使你仿佛置身东南亚的午后的街头,热带气息扑面而来。

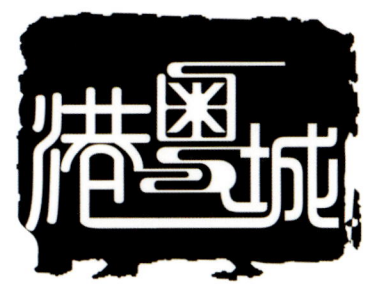

GUANGDONG CITY

粤港城餐厅，港式经典，粤菜名厨，用料厚实，食不厌精，极致味觉享受，亲民的价格，怀旧用餐氛围，感受慢生活的茶餐厅文化。

粤港城餐厅，菜式齐全，从烧腊到茶点，从小炒到甜品，样样秀色，口味精致淡雅，低脂少盐，是京城餐饮的一股清流，满足大众对别致健康品质的需求。

地址：北京丰台区马家堡东路121号院7号楼1层7-23
电话：15801172087

独门吊烧鸡，又称手撕鸡。手撕可破，外脆里嫩，皮脆如饼干，入口即有脆裂之声，肉质嫩可出水，蘸上原装的泰国甜辣酱，是味觉的极致享受。这道菜，从选材到烤制，从腌制到出炉，每一步骤无不考验大厨的全套功力，稍要不慎，整鸡尽毁。经大厨二十年摸索，终于成就这道绝世名菜。

## 招牌吊烧鸡

## 养生豆米火锅

贵州最受欢迎的家常火锅。泉味道于2014年率先引入京城，很快便广受饕餮食客的欢迎和追捧。秘制的"养生豆米火锅"精选贵州高原原产有机红腰豆，辅以安顺平坝的优质糟辣椒，用优质的浓香菜籽油炒制而成，豆香浓郁，可涮食各类荤素菜品，特别适合拌饭而食，被誉为"拌饭神器"！

## 贵阳豆腐圆子

贵阳名闻遐迩的名小吃，也是泉味道最受欢迎的单品之一。由贵州土法制作的自制酸汤豆腐，经由手工揉制而成。食用时在切口内，加入特别调制的蘸水，外酥里嫩、酸辣可口、味道独特。

# 泉味·道
## 贵州私厨

# 息烽阳朗辣子鸡

　　贵州最负盛名的名吃之一，出自于贵阳息烽县。本菜完全依照息烽本地的炒制工艺，采用贵阳空运至京的散养土公鸡，以及精选由遵义辣椒、平坝辣椒、毕节皱皮辣椒炒制的糍粑辣椒，用优质浓香菜籽油炒制而成。味型特点是香、辣、糯。

---

　　"泉味·道"：传承地道贵州美食，京城黔菜系独树一帜的佼佼者；领军意境贵州美食，京城黔菜系先锋前卫的开创者。"泉"体现的是贵州菜的灵魂，即原生态、纯天然的特质；"味"体现的是泉味道追求的本质目标，即"餐饮之道，以味为本"；"道"体现的是泉味道固守的企业良知，即"道法自然，拒绝非法添加，坚持打造绿色健康美食"！自开业以来，始终如一地秉承着"回归自然，吃出健康"的经营宗旨！

 地址：北京市西城区三里河路6号　　电话：010-88372129

## 山粉丸子烧黑猪肉

山粉是安徽地区独有的叫法。目前没有任何的机械加工，纯手工一点一滴制作而成的红薯粉，配以农家黑猪肉。不用回家，在北京江君府就能让您一解乡愁。

## 江君府
### JIANG JUN FU
徽菜

江君府餐饮（北京）有限公司，是一家以徽菜菜系为龙头的餐饮公司。公司多次组织管理人员前往全国各地徽菜企业实地学习考察，吸纳徽菜"小徽模式"。以绿色、环保、原生态食材为核心，以满足徽菜食客需求为导向，以服务质量满意度为生存，以绿色健康养生为理念，不断地提高企业整体服务水准。在确保卫生、品质、便捷的基础上，虚心地接受顾客的建议和意见，切实加强团队的建设与提升，不断地推出新的产品，全力迎合市场，服务家乡父老乡亲以及各界广大人士。通过我们的团队坚持不懈的努力，赢得广大顾客的肯定与社会各界人士的认可。

## 江君府臭鳜鱼

选用来自安徽长江和新安江的优质活鳜鱼。经过木桶腌制、低温发酵，闻起来臭，吃起来香，肉质鲜嫩，Q弹鲜滑，制法独特，食而得异香。

# 安庆
# 老母鸡汤
# 泡炒米

来自安庆山区农家足年杂粮喂养的老母鸡，文火煨足6小时，鸡肉酥软，汤色金灿，不需任何调料，少许食盐即可。配一勺手工长粒炒米，唇齿留香。儿时妈妈的味道，充满了回忆。

- 地址：北京丰台区镇国寺北街4号院13号楼二层1-4号
- 电话：15501257707
- 地址：北京朝阳区西坝河北里甲8号2层部分
- 电话：13716797415

# 潮粥荟

## 百年潮汕砂锅粥

|老|地|方| |老|味|道|

**创始人总经理▶**

郭鹏，80后帅哥。来自沂蒙山区的年轻创业者，为人豪爽，重义气，山东大汉的气概。曾就职于百事可乐、可口可乐和雀巢等世界知名500强公司，带领团队取得了骄人的业绩，工作地先后从山东、辽宁、重庆和上海，目前定居北京。2013年11月进入餐饮行业。

**主厨▶**

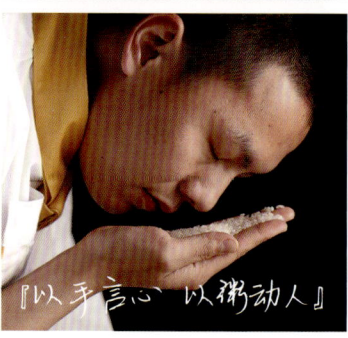

苏权伟，是广东潮汕人，朋友们都叫他阿伟。从小喜欢围着母亲在厨房里打转，耳濡目染，渐渐地对美食产生了兴趣。17岁就入行的他，怀着对这个行业的敬畏之心，已经走过了第十个年头。

如今，还是很庆幸，可以心怀执念的忠于食材，并忠于自己最初的热爱。这一点也是潮粥荟至今一直坚持的。

『以手言心 以粥动人』

## 蚝仔烙

蚝仔烙是广东潮汕地方特色小食，台湾称为蚵仔煎。在潮汕城市乡村小市集，常有这种小店或摆摊小贩。这种蚝烙，是用地瓜粉溶于水、拌葱珠，在一个平底的铁锅上煎，加上海蛎、蛋花，取起，蘸鱼露吃。

## 卤水拼盘

把卤料放在卤锅中，加上汤，熬制就做成了卤水。不同的卤料配方，可做成不同香型的卤水，潮汕的卤水是最为突出卤味的特色。

# 招牌膏蟹粥

  生米明火煲粥，期间需要人工不停搅拌，粥七成熟的时候，放入当日鲜活虾蟹，再加配料煮成。膏蟹粥在潮汕砂锅粥里面算是最为经典的一款！俗话说："煮粥没有巧，三十六下搅"。一粥之中，可见功夫之劲道。"潮粥荟"传承潮汕砂锅粥经典煲煮之法，由来自潮州本土主厨全力打造京城最地道的潮汕砂锅粥。无论从选材还是用料上，都达到或超过行业标准。

---

  "潮粥荟"是一家以潮汕砂锅粥、特色潮州菜、港式点心和滋补炖品等为特色的中餐连锁品牌。成立于2013年，我们以"热爱、欢乐、成长、分享"为企业精神，对顾客、员工、股东、供应商创造价值为自己的使命，并坚信"品质是企业的生命"。在"潮粥荟"，标准是品质的保证。因此，我希望你能做到：严格地执行产品的制作标准和工作流程；绝不出售不符合标准的食品给顾客。这是"潮粥荟"人给每一位顾客的承诺。

📍 **凤凰汇购物中心店**：北京朝阳区曙光西里甲5号院凤凰汇购物中心凤凰商街内
  电话：010-58668211
📍 **丰科万达店**：北京丰台区科技园万达广场四层
  电话：010-53671896
📍 **朝阳大悦城店**：北京朝阳区朝阳北路101号朝阳大悦城7层
  电话：010-85918171

**其他门店请搜索大众点评**

"鼎香润"老字号位于德胜门内大街北口东侧，毗邻在古刹悠扬的什刹海风景区，是一家经营数十载的老北京特色风味餐馆。秉承"真诚守信，诚实为人"的经营理念，以"顾客至上"为宗旨，用精工细料去打造老北京特色风味小吃。"肉龙、卤煮、酱肘子"是"鼎香三宝"。

餐馆环境具有北京特色的古典韵味，配以店员老北京人特有的热情和招待方式，让您的身心能够充分放松，全心全意地品尝地道的老北京美食。

俗话说"无酒不成席"，有了"鼎香三宝"，自然也不能缺"美酒佳酿"。店家自制的"八仙养生"酒，用鹿茸、枸杞等八味名贵的滋补名品酿制而成，具有强身健体、温养五气等功效，口感温润醇厚，每每思之，回味无穷。

鼎香润以真诚热情的心诚邀您和家人、朋友、同事光临寒舍，享受地道老北京风味美食。

**鼎香三宝**

### 酱肘子

　　皮滑肉烂，香飘十里。热吃，配火烧，外脆内糯，满口留香；凉吃，切片，配少许蒜醋，一口小酒，悠然自得。酱肘子讲求三不做：肘子太大、太小，不做；腌制时间不够，不做；酱料不齐，不做。

### 肉龙

　　纯手工制作，店主将每日新鲜采买的优质食材，以其独特的秘制烹饪手法，获得了店内食客的一致认可，有许多食客慕名而至，竞相购买。

### 卤煮

　　主要特点：传统工艺、汤汁醇厚、肺头脆嫩、白肉香糯。

# 鼎香润

地址：德胜门内大街36号　　联系电话：13901136806/13701160186

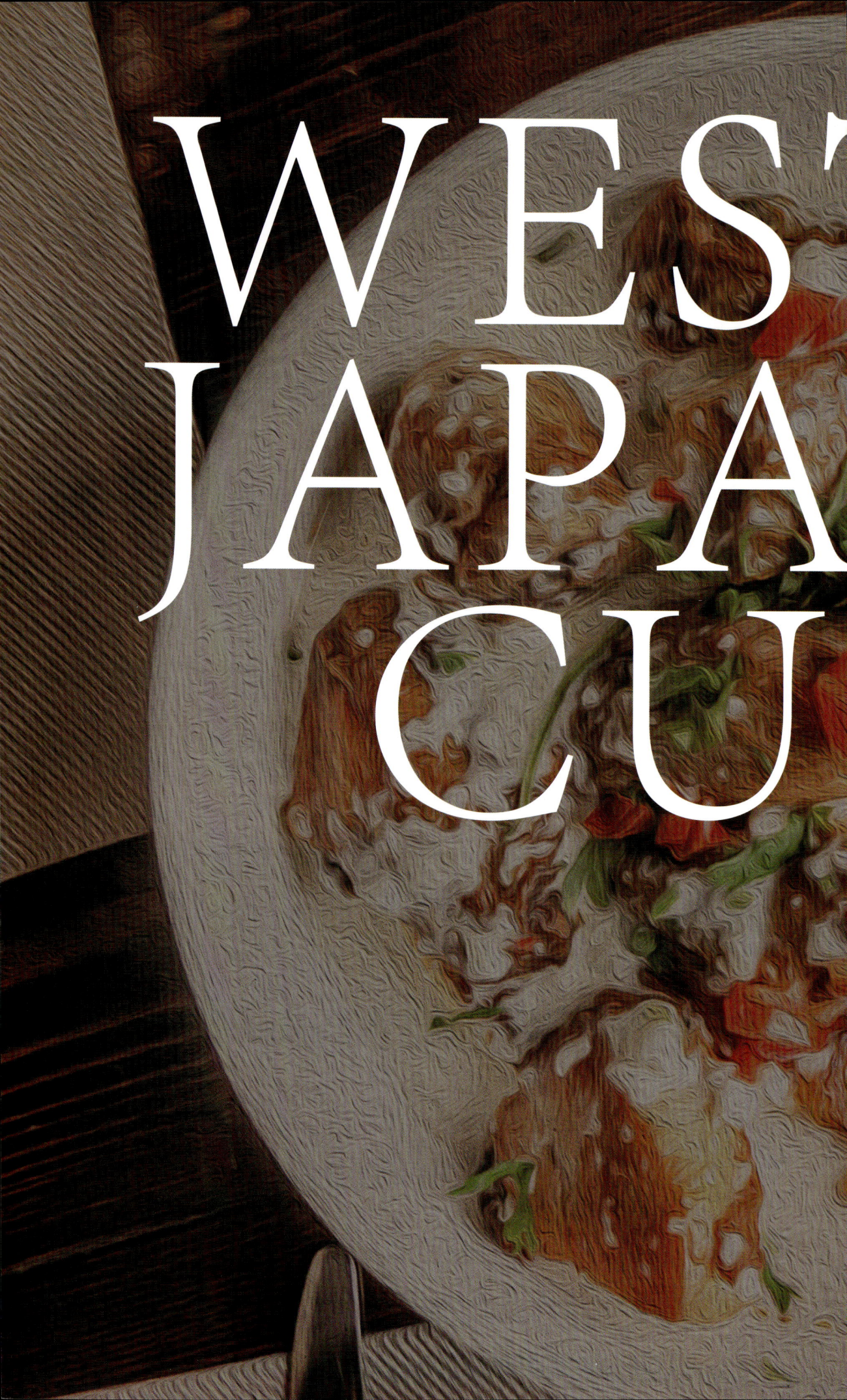

# 奇克美露里

名字如同其他格鲁吉亚美食一样，音译而成。是一种奶油烤鸡，外焦里嫩的金黄色烤鸡，融入到乳白色的奶油汤汁中，撒上色泽鲜艳的甜椒、香葱碎，仿佛霜雪中的点点花瓣。吃完鸡肉，再用黄油面包蘸上奶油汁，无与伦比的美味，太满足了。

# 格鲁吉亚麻排

机缘巧合，老板与一位豪爽的格鲁吉亚大叔在乡间小屋觥筹交错，用1斤上好的正山小种，换来了大叔的下酒菜——麻排的秘方。此菜是一种秘制调料加工而成的猪脆骨，口感香酥微麻。吃一口麻排，喝一口冰啤酒，从舌尖滑到骨子里的舒爽。无论搭配德国啤酒还是格鲁吉亚恰恰，都是绝配。

# 阿扎尔哈恰普里

格鲁吉亚传统美食，也是斯大林最爱，外观像一只大眼睛的起泡奶酪饼。金黄色酥香外皮，夹裹着鲜香浓郁的苏露古尼奶酪，口感香浓丝滑，唇齿留香，久久回味。

## 格鲁·秀色西餐厅

格鲁·秀色西餐厅是一家具有格鲁吉亚特色菜品并配有经典、独创特色欧陆菜的西餐厅。创立该餐厅的灵感，得益于投资人机缘巧合的一次格鲁吉亚旅行，即刻被这个拥有悠久历史和灿烂文化的国度所吸引。

主厨是一位来自格鲁吉亚本土的优雅女士，擅长烹制美味的"哈拉秋"汤，及著名的"哈恰普里"。此外还有曾就职于顶级酒店的厨师团队，精心而制的经典欧陆菜和私家独创菜品。醇香的美酒、美味的佳肴、外籍帅哥美女服务员，美心、美食、美丽无处不在，所谓"秀色可餐"，故定名为格鲁·秀色。

 地址：北京朝阳区三里屯北小街2号　　电话：010-84486886

## 烤肉拼盘
### （牛胸板肉）
### （手撕猪肉烤肠）

牛胸板肉，切开中间是瘦肉部分，很少的油脂和更细腻的肉质，看似湿润的是靠近边缘的粉红肉，更为鲜嫩多汁，肥瘦相间。

手撕猪肉，猪肩胛肉撒上多种配料、盐、胡椒和几个秘制配方经过十几个小时的果木熏烤而成，最后用手将其撕开，而不是用刀子或者叉子。蘸着我们的孟菲斯烤肉酱品尝，你会全身抖擞起来。

烤肠，用大块牛胸板肉，加上秘制配方，以及严谨的制作工艺，和倾心的时间，给你带来了这个纯正的德克萨斯风味的烤肠。天然肠衣填充加上精心的熏烤制作，是时候来上一杯波本威士忌了。

美式烤肉起源于美国南部。美式烤肉的风格和味道在美国按照不同区域分为德克萨斯州西部到东卡罗来纳州风味，堪萨斯北部到格鲁吉亚风味，还有佛罗里达州至南部边境线风味。本垒会在这里给各位带来我们最喜爱的这些区域的纯正美式烤肉体验，也在这里让大家能真正尝到纯美式传统家乡菜的味道。现在就让我们喝着本垒的传统调酒坐在这菜单的列车上慢慢地去放松和享受美国南部的时光吧！（本垒的酒水也一样传承了美国本土的风情，味道醇厚的波本酒，甘甜的鲜酿啤酒和传统工艺的调酒！欢迎大家品尝！）

## 烤鸡

是用一种很赞的方式烤制出的鲜嫩多汁的烤鸡。在我们几个小时的熏烤之前撒上盐、黑胡椒还有……（你猜对了）还有一些秘制配方，然后就是等待。最后就让您来尝下阿拉巴马州北部的纯正口味吧！我们会为你在烤鸡上面，加一些白烤肉酱。如果你看到烤鸡里面是红色或粉色的，请别担心，那是果木柴熏烤的必然色。

## 堪萨斯猪排

堪萨斯市是烤猪排最著名的地方,本垒传承了堪萨斯传统烤猪排。我们所用的排骨是背小排最稚嫩的部位。再加上我们特制的传统调料,送入烤箱进行熏烤(果木),直到味道全部浸入。这些经过传统加工,并长时间熏烤成熟过的肋排,可以说是美味至极。堪萨斯烤肉的特点就是味道比较温雅,在传统的熏烤味道上,又有几分甜滋滋的口感。

# 本垒美式烤肉

三里屯店:北京朝阳区工体北路4号院10号楼1层
电话:010-65859200
三元桥店:北京朝阳区霄云路35号后院远洋新干线南侧美食一条街
电话:010-52011567

　　以美式简餐为核心的主题文化餐厅，主营中国周边国家的特色美食。既有色彩鲜艳多种口味的特色沙拉，又有餐厅独创的纸船（牛排、海鲜、沙拉）系列，秘制肉饼吮指难忘的酥脆"大汉堡"……。每两个月还会研发出5～6道新菜，70～80道好吃的菜品，按季节轮流提供，可以让食客吃够春、夏、秋、冬。

地址：北京市东城区崇文门外大街18号国瑞购物中心一层东门F1-26
电话：010-84485800

## 纸船牛排

　　精选新西兰银爵珍藏级牛肉。烹饪好的牛肉都用纸船承载，小船造型既抢眼又有型。一份牛排、一份蔬菜沙拉，荤素搭配，营养丰富。

# 田园餐厅

## 黑椒餐肉汉堡
### (让黑椒邂逅汉堡)

原料：面包、黑椒汁、午餐肉、牛肉饼。黑椒汁，是一种国人比较喜欢的酱汁，而在西餐里，黑椒汁经常是在牛排时用的。有一天餐厅大厨突发奇想把黑椒汁放进汉堡，为汉堡增加另一种滋味。经过多次尝试，用牛肉饼、午餐肉、洋葱丝做出汉堡，淋入黑椒汁，不仅增加了食材的层次感，更使得肉饼越发香浓。

## 田园菌菇森林
### (5克黑松露带来的极致变化)

食材：花菇、口蘑、香菇、杏鲍菇（食材将根据时令变化）采用西式烹调方法，用cheese、天然奶油汁跟三种芝士慢慢熬成酱汁，烩制农庄自产的新鲜蘑菇，最后淋入5克黑松露，提升蘑菇的香味。上桌前迅速打入农庄自产的生柴鸡蛋，利用铁板的热度和酱的温度，让鸡蛋包裹住各种食材。蛋香中包括着浓浓的cheese、蘑菇与松露的香味，打开味蕾，令人食指大动。

# 京樱 KYO-SAKURA
日本料理

京樱日餐馆坐落于21世纪饭店一层，紧邻繁华商务区蓝色港湾以北，驻华日本大使馆以南。是集聚时尚经典美食的日餐馆。面向吃货们有"京樱臻选自助""时令定食""京樱寿司外卖"等美食版图。全新的就餐体验，上百种菜品任您选择，我们坚守味道是菜肴的灵魂，强调新鲜、健康、低脂，正符合现代人注重养生的轻食潮流。

◀ **总经理**

许振泉，1981年在北京钓鱼台国宾馆从事厨师一职，主要从事接待各国领导人及元首；1995年经单位派遣前往日本，在日本四季饭店工作（钓鱼台和四季饭店合作）；后曾陆续为外交服务，去往美国、澳门、朝鲜、新加坡等地；2014年在国内开始经营自己的第一家日料餐厅"京樱日餐馆"。

## 京樱秘制鹅肝

此菜香滑馥郁，绵软流长。老话说吃啥补啥，可鹅肝可不仅仅有补肝这一个功效；它还有明目、养血等功效。鱼子酱，亦有补脑、美容等功效。

# 摩托罗拉卷

摩托罗拉卷中的馅料比较考究,有三文鱼、寒狮鱼、加吉鱼、进口蟹柳、牛油果、寿司米等。充分考虑到产品的口感和营养搭配,是一道好吃、健康、营养的美食。

地址:北京朝阳区亮马桥二十一世纪饭店一层
电话:010-6463311转3154

# NORD LAND
## 北 德 风 尚 啤 酒 坊

### 德式烤猪肘

德国著名的特色美食。我们精选肉质细腻、脂肪含量低的猪前肘,由德国主厨独家工艺精心制作。先用啤酒和盐腌制,并搓揉猪肘使其入味,之后先蒸后烤。这样既去除了多余油脂,又保留了猪肘的胶质和水分。烤制完成后,猪肘表皮口感酥脆,里面的肉质香嫩而不油腻,味道鲜美,松软多汁,再搭配上德国酸菜和土豆泥,实乃上乘佳品。

# 德式香肠总汇

德国香肠的种类多样，有猪肉、牛肉、鸡肉、奶酪等；也有以地区来命名的，如：纽伦堡香肠、图林根香肠、法兰克福香肠等。德国香肠的吃法多样，可以水煮、油煎或烧烤，也可以做成沙拉或者煮汤。我们的香肠采用德国传统工艺精制而成，通过扒板煎烤后，香肠外皮棕黄酥脆，切开后肉汁四溢，肉香扑鼻并且有嚼劲，乃不可多得之美味。

北德风尚啤酒坊是一家集德国传统啤酒文化与当今餐饮时尚于一身的新型啤酒坊。在这里，您不仅可以畅饮来自德国北部口味最纯正、种类最丰富的各种经典啤酒，还可以品尝各种原汁原味的德国美食。店内环境优雅，彰显着当今流行的德国元素，让您充分体验自然、热情、精致的德国生活。是朋友聚会、商务宴请、家庭团聚的绝佳选择！

地址：北京朝阳区朝阳公园路6号蓝色港湾国际商区1号楼1层L-DS-23
电话：010-59056268

## 梦龙鹅肝批

灵感来自于梦龙冰淇淋雪糕，80% 肥鹅肝，与 20% 的来自意大利西北部的散养珍珠鸡的鸡肝，加上马德拉酒、白兰地的腌制。再用低温烘烤，搭配波特酒树莓酱、榛子碎，抹在酸奶油谷物面包上。面包的酥脆，鹅肝的滑润，入口即化的肥美，让这一奢侈美味变得无与伦比。

这里的餐厅是以米其林的标准来经营的。从大厨、菜品到周围环境、服务都是超一流水准。服务生统一着"黑西装+白手套"，尽显专业。开放式的厨房干净整洁，可以看到厨师们精妙的手艺。厨房挂着的都是德国WMF的锅具。好马配好鞍，可见餐厅对烹饪的追求。印象山庄除了精致的西餐，还有红酒。山庄是数款意大利酒庄的红酒的中国区总代理。山庄不定期地举办品酒活动，自然可以学习品酒知识。

地址：北京昌平区长陵镇燕子口村26号　电话：010-60763455/60764560
地址：北京海淀区中关村南大街甲18号D座1层　电话：010-82116687/62168861

# 印象 *Villa* 山庄

## 澳洲牛排

选用澳洲安格斯牛脊背上第七根至第十根肋骨之间最嫩的牛肉,肉质红白相间、纹理细腻,吃起来香甜多汁。

主厨用好年份的红酒以及山庄自己种植的水果和蔬菜对牛排进行腌制。牛排的火候很关键,近乎严苛的煎制时间,红外仪器监控下的精准温度。经过高温的烘烤,外层微焦,却把牛排的汁水紧紧锁在里面。切开外层,牛肉的汁水也跟着蹦了出来。咀嚼中,肉香及融入了料汁的醇香,汁水溢满口腔,搭配老世界的红酒,肥而不腻,好吃到无法住嘴。

## 虎皮卤蛋

招牌特色的虎皮卤蛋，采用先炸后卤的方式制作。鸡蛋经过高温油炸，表皮和蛋清慢慢分离，形成虎皮；再经过老汤卤制，味道慢慢渗透，在虎皮和鸡蛋之间充满了浓郁的汤汁。最终形成酷似"红烧狮子头"的虎皮卤蛋。

## 难得馄饨
### NanDe HunTun

难得馄饨，自孔孟之乡山东而来，十余年来，将中国传统美食"馄饨"，结合鲁菜精髓，逐步发展壮大。2015年6月，在山东8家门店的基础上，第一次踏进北京，经常有从四面八方来店"拔草"的顾客。

难得馄饨，就餐环境舒适安逸，被顾客誉为"在咖啡厅里吃馄饨"。馄饨选用大个馄饨，面皮劲道，馅料丰富；更加独特的是，将传统的馄饨，放入滚烫的砂锅中，用西红柿赋予新生，口味酸甜浓郁，让人久久不能忘怀。

地址：北京朝阳区延静里中街甲18号4号楼底商8号（华业玫瑰东方正门）
电话：010-65032669

# 番茄砂锅难得馄饨

馄饨，鸭蛋和面擀皮，每日手工包制，新鲜健康。一份馄饨有十个，十个馄饨十个馅。能在一碗中吃到大虾仁、芹菜、莲藕等各种馅料，每一口都是惊喜。

汤底，番茄砂锅采用西红柿和牛骨汤熬制。牛骨慢炖8小时以上的高汤，加上新鲜的番茄后小火慢炖而成。口味酸甜浓郁，回味无穷。

将10个馄饨放在砂锅中炖煮，结合而成本店特色"番茄砂锅——难得馄饨"。

## 仁盛聚 道口烧鸡

道口烧鸡，历史悠久，色味俱全，驰名中外。它始于清顺治十八年（公元1661年），已有300多年历史。北京市道口食品有限公司1999年注册成立，使用"仁盛聚"商标。北京道口仁盛聚食品有限公司（北京道口仁盛聚食品有限公司第三工厂）已发展成为以"义兴张""仁盛聚"牌道口烧鸡、北京烤鸭为主打产品，火腿、香肠、熏烧烤和酱卤制品为一体的，综合型肉类加工企业。

◀ **任建党 13501388178**

1969年3月生，祖籍河南滑县，北京人，首都经贸大学研究生（EMBA）。国营滑县食品公司副总经理，北京市道口食品有限公司总经理，北京道口仁盛聚食品有限公司总经理，北京盛聚玄德商贸有限公司总经理，滑县食品公司副总经理，河南道口烧鸡协会副会长，北京市工商联肉类行业协会副会长，北京市丰台区肉类行业协会副会长，北京市工商联丰台区执行委员。

### 道口酱鸭

采用秘制香料精心烹制而成，融入了道口烧鸡传统美食的烹饪技法，并结合传统的药膳食谱，博采众长，积数月心血研制而成。道口酱鸭色泽深红，酱香浓郁，其风味独特，咸中带甜，滋味悠长，是一道佐酒佳肴。

### 道口五香猪蹄

富含胶原蛋白，对人体具有养颜、抗衰老的保健作用。道口五香猪蹄最大的特点是其通过油炸，并用多种名贵药材和多年循环使用的道口烧鸡老汤煨煮出来的。其色泽鲜亮、汁香味浓、油润化渣，是集口味、营养、食疗于一体的餐桌必备佳品。

📍 **西罗园店**：北京丰台区木樨园桥西路南(南三环外辅路，人行过街天桥下)
📞 电话：18618253278

📍 **皂君庙店**：北京海淀区皂君东里7号华光商厦隔壁
📞 电话：15911168361/13146713088

📍 **工厂地址**：北京房山区窦店镇北柳村北柳大街九号
📞 电话：13910111008

## 道口烧鸡

中国名鸡，御膳烧鸡秘方。其采用鲜嫩白条鸡、蜂蜜擦亮、油炸，并用多种名贵中药和多年循环使用的老汤煨煮，精细加工而成。珍品道口烧鸡、鸡体丰腴完整、形如元宝（国家专利）、色泽鲜艳、呈浅红色微微嫩黄，肉丝粉白、五香佳味。道口烧鸡出锅香味奇异，热食余香满口，凉食风味亦佳，有"余香绕口，三日不绝"之说。实为款待宾客、馈赠亲友之珍馔。

　　以凉皮、肉夹馍为核心产品的陕西传统风味快餐连锁品牌。汲取陕西2000多年的饮食文化精髓，融合现代化的餐饮技术和餐饮管理系统，以及先进的健康养生理念，研发创新了一系列以"鲜、香、酸、辣"为特色的陕西美食。尤其在凉皮和肉夹馍上，采用了源自秦朝的宫廷秘方，最大限度地保留了传统古方的精华，口味独特，回味无穷。

　　核心原材料均是陕西本土的特色食材，保留了陕西美食原汁原味的风味。勾魂凉皮延续了陕西民间和宫廷的古法手工制作方式，做出来的美食不仅营养价值更高，而且代表了正宗陕西美食的口感。

## 腊汁肉夹馍

　　腊汁肉，精选上等肥瘦适度的鲜猪肉及硬肋肉，用盐、姜、葱、草果、白蔻、丁香、桂皮、良姜、大香等20多种调料汤煮，精心熬制4余小时而成。色泽红润，酥软香醇，肥而不腻。酥脆的白吉馍延用古法精心烤制工艺，使口感更加酥脆。夹上腊汁肉吃，美味无穷，唇齿留香。

**回龙观店：** 北京昌平区回龙观西大街18号港龙商业中心1段1-109
**电话：** 010-56235619
**辉煌国际店：** 北京海淀区上地十街辉煌国际大厦东6楼220
**电话：** 010-53691578

# 勾魂凉皮

**难忘勾魂 自在古屯**

勾魂凉皮在秦朝宫廷秘方的基础上，以现代工艺技术结合传统手工艺制成主料凉皮，加入品种丰富、营养搭配合理的辅料，最后调入独家秘制的料汁和配料制作而成。口味鲜辣劲道，回味无穷。以上等小麦麦芯为原料加工而成的凉皮和独家秘制的辣椒及勾魂料汁，使得凉皮成为春吃解乏、夏吃消暑、秋吃去湿、冬吃暖胃的上选餐品。

## 卤煮火烧

起源于清朝宫廷菜"苏造肉",与火烧同煮,成为大众化的风味小吃。清光绪年间,京东三河县仁陈兆恩开始售卖苏造肉。旧社会穷人多,五花肉的价格昂贵,陈师傅就用价格低廉的猪头肉代替五花肉,同时加入了价格更加低廉的猪下水。在陈家几代人的传承与创新下,创出了闻名京城的卤煮小肠。

## 精品卤煮火锅

精品卤煮火锅由猪肠、猪肺、猪心、猪肚、猪肝、白肉、豆腐、火烧等 8 种精品原料以老汤慢炖制成。卤煮火锅底部有酒精炉加热,使汤汁一直保持温热状态,且味香醇厚,美味可口,锅内肠多汤厚,适合亲朋好友聚会。

老板陈亨（小肠陈家族第五代），80后，在父亲年事已高的情况下接手了一门手艺——享誉京城的名家小吃"卤煮火烧"。用自己的名字创立了品牌，注册了商标。陈亨卤煮小肠坚持了传统的做法，让卤煮始终保持接地气的平民价格，店内不设炒菜，只卖卤煮火烧、风味小吃和凉菜。但是保持传统更提倡创新，比如用小火锅的形式煮一锅卤煮，保留主料的同时，加入更多新鲜元素，吃完肉再涮点白菜和豆腐，在寒冷的冬天，这种小火锅特别受欢迎。

陈亨卤煮小肠的每家店面都不大，但每天慕名来吃卤煮的客人越来越多，顾客跨度非常大，有白发苍苍的老者，也有80、90后的年轻人和学生，甚至还有外国友人。

刘家窑店：北京丰台区蒲黄榆胡村42号（刘家窑西北角）
电话：010-67631798

广安门店：北京市西城区马连道北街甲2号
电话：010-63479270

# 葱鸡

安客葱鸡成为炸鸡市场的璀璨新星。凭借独特绝妙的口感，裹上特色酱料，配上大葱解腻。外层鲜香酥脆，里面肉嫩多汁。

## 安客葱鸡

　　安客葱鸡自2010年在中国成立，目前在中国开设分店已经覆盖北京、天津、广东、山东等省、市。在过去艰难的经营环境中，我们保持了良好的业绩，都要归功于广大消费者的厚爱与关注。

　　基于在炸鸡市场的多年流通经验与经营管理，将天然调料成功地应用于自行开发的葱鸡，有效地改善传统炸鸡的油腻感和清淡无味感，迎合了消费者口味，取得了市场的好评。安客葱鸡Uncle Padak作为中国炸鸡市场的领跑者，将通过味道的差异化与多样的营销战略，以实现顾客满意为目标，成为您值得信赖的安客葱鸡。

地址：北京朝阳区望京麒麟社8号楼地下
电话：010-57126363　　400-8558-112

# 至尊披萨

新鲜出炉的至尊披萨,松软的面饼,感受浓浓的芝士和各种配菜的味道,有一种特殊的吸引力,让人爱不释口,是您享用披萨的不二选择。

# 蒜香酱油鸡翅

只要吃过一次就忍不住停口的炸鸡,考虑男女老少各年龄层,有效发挥酱油味道的蒜香炸鸡。

1971年 创业于台北
A&J Restaurant

地址：北京市海淀区双榆树西里11号　电话：010-62550621

## 牛肉面

精选上等鲁西黄牛腹肉，经文火长时间煨制而成。以其浓香醇美的汤汁和鲜美嫩滑的肉质，辅以劲道爽口的手擀面，一经推出便受广大顾客赞誉。

# 半亩园馅饼

半亩园馅饼，包括牛肉馅饼、猪肉馅饼、花素馅饼，堪称"京城一绝"。原材料精心挑选，讲求营养的搭配。成品形似广东月饼、两面色泽金黄、薄皮大馅、味感十足。汤汁鲜美，鲜而不腻，深受顾客褒扬。

---

1971年，半亩园在台北创立，先后在美国洛杉矶、旧金山、华盛顿、西雅图等地开了分店。由于一向秉承品质、卫生、服务第一和量化管理的产销原则，做到了货真价实、美味可口，赢得了海内外顾客的信赖和赞誉，在竞争激烈的美国快餐市场上占有了一席之地。

1994年8月，在北京海淀双榆树开设了第一家店。一年后，陆续开出了分店和连锁店。

本公司以"弘扬华夏饮食文化，发展传统特色快餐"为宗旨。中国的传统美食，品类丰富，味道佳美。在开发中，我们既重视快，更重视好。所谓好，即在快餐中传承华夏饮食文化所讲究的色、香、味是也。物种单一的洋快餐，岂能望其项背？这就是我们回归祖国、发展传统快餐，深具的信心。

本店经营各色馅饼、各类面条，备有二十多种小菜。举凡产品，均由中央厨房统一进料、统一配方、统一制作、统一供应；辅以配套的电脑管理系统，以达到既快又好的目标。耳听为虚，进口为实。我们崇尚口碑效应，而不盲目造势，搞轰动效应。还是请顾客们登门一尝，大家自然会有相应的结论。

起司家的英子，于2010年创建"芝士青年"，2012年又开创了以休闲简餐结合甜品的餐厅"起司家"。目前在北京有5家连锁门店，同时开辟了线上外卖平台，实现了北京全城配送。秉承一贯的品质第一、产品为核心的经营理念，妈妈的标准是全世界最高的食品标准，像对待自己孩子一样对待店中每位客人。

## 金枪鱼脸盆沙拉

京城第一个"脸盆"沙拉，为什么叫"脸盆"沙拉？因为真的像脸盆一样大的沙拉碗，里面满满的当日新鲜的蔬菜。再加上大块大块的金枪鱼，配上自己调制的油醋汁，一款零脂的夏季蔬菜沙拉，让来这里的女生们，练就了一人可以吃掉一盆的功夫。最后用吃得干干净净的脸盆，比对自己的小脸，拍张对比的照片，在朋友圈中一阵炫耀。

 **地址：**北京东城区东四北大街257号　　**电话：**18610335610

# 起司家 Cheese

## 猫山王榴莲重芝士

本店重口味榴莲甜品，选用马来西亚的猫山王榴莲。浓郁的榴莲味道混合奶香芝士、酥香的饼底、入口即化的蛋糕体，让每个吃过这款蛋糕的食客留恋忘返。

- - - - - - - - - - - - - - - - - - - - - - - - - - - - - - - - - - - - - - - - -

## 焦糖榴莲布丁

本店入门级榴莲甜品，很多人都因为它而爱上了榴莲。敲开现喷的脆脆焦糖、顺滑的布丁体，浓郁的奶香混合榴莲的味道，随即充满了整个口腔，最后瓶底是整块的榴莲肉，绝对的真材实料。

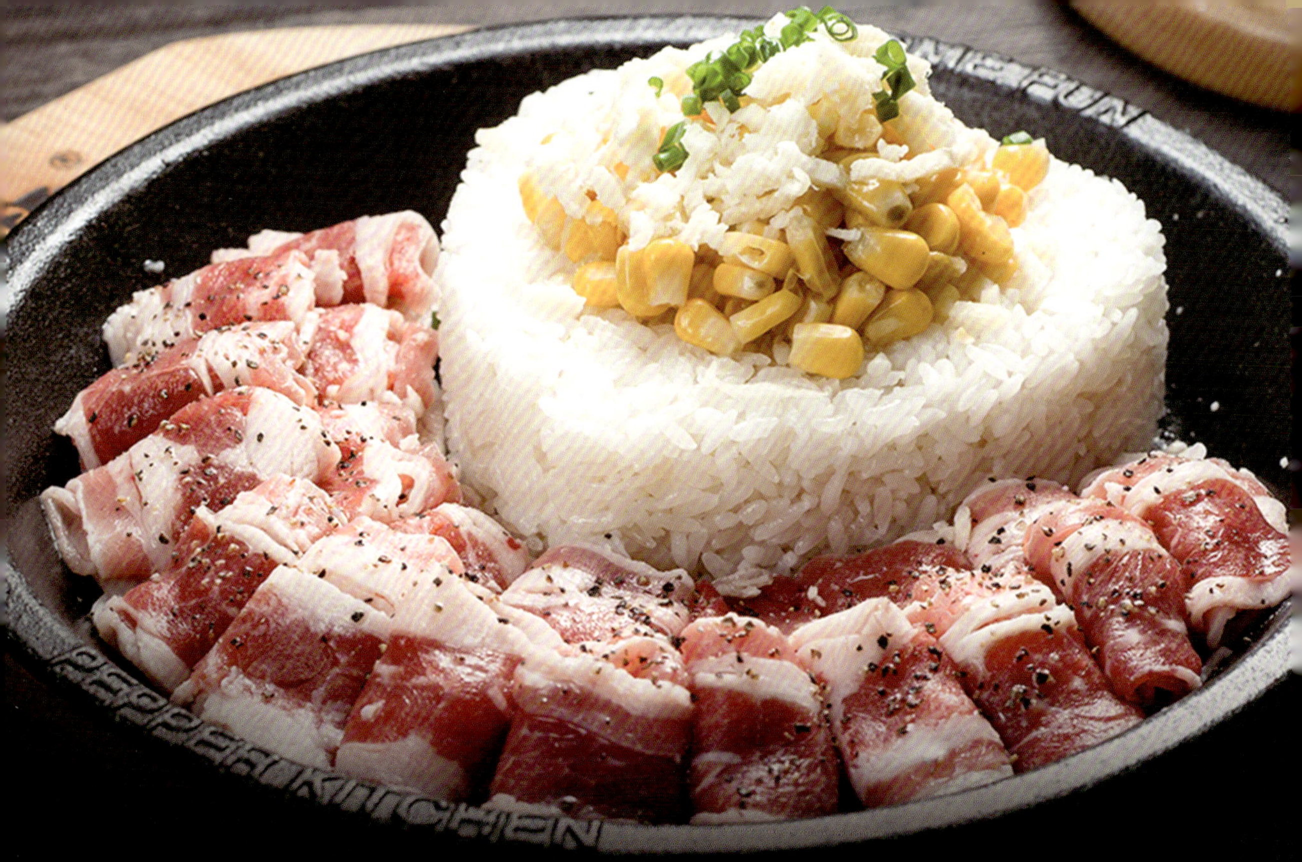

# 至尊芝士咖喱牛肉饭

浓郁的咖喱、热辣的黑椒与诱人的芝士，在铁盘炙烤下一起融化，
将每一粒米、每一片肉都紧紧裹住，融为一体。

Come Fun
PEPPER KITCHEN
来趣®
黑椒厨房

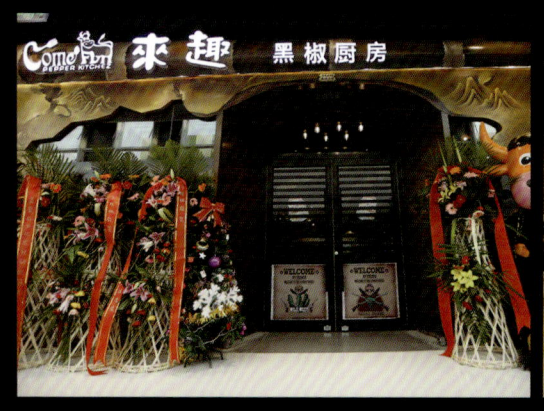

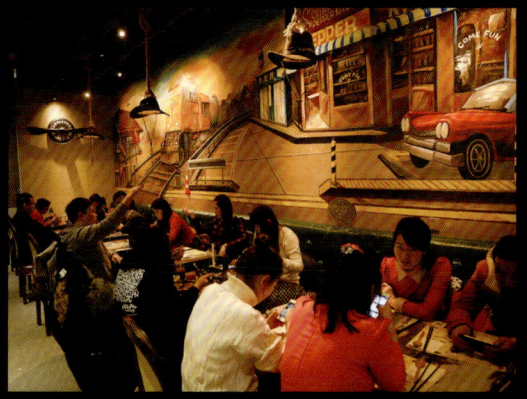

来趣黑椒厨房是一个以90、00后为主要消费人群的黑椒主题时尚餐厅，倡导“好吃、好玩、健康、快捷”的餐饮新理念。自2014年第一家店在北京开业以来，一直受到年轻人群的特别青睐。目前在全国范围已拥有50余家餐厅。

来趣黑椒厨房以澳州进口谷饲牛肉为主要食材，出品包括牛排、烤饭、意大利面、披萨、小吃、饮品等100余个品种，不论是上班族每日所需的营养三餐，还是朋友聚餐时的各式风味美食，在“来趣”都能得到充分满足。

## 至尊雪花牛排

肉质细腻、肥瘦相间的雪花牛排，只需在铁盘上双面煎烤1分钟，搭配香浓热辣的黑椒汁，香嫩可口，入口即溶。

## 黑椒牛肉意面

鲜嫩的肥牛肉在铁盘上烤出滋滋肉香，与浓香的黑椒汁、爽滑的意面相遇，注定会碰撞出味蕾的异域风情。

 地址：北京大兴区世界之花假日广场4FB06　　电话：15311712897

# 老坛酸菜鱼

一道鱼片滑嫩、香而不腻、回味悠长的老坛酸菜鱼。选用四川山区农户手工自然发酵腌制的酸菜，配以现场老母鸡吊制鸡汤，酸辣爽口，汤味鲜美，鱼肉入味鲜嫩。酸菜巧妙地化解了油腻，辣味与酸味碰撞着，温暖着舌尖，也温暖着心尖。

年年余选址面积普遍在20-35平左右，通过线上60%线下40%来加大单位面积的坪效，这种模式对于产品的标准化要求极高，年年余午餐高峰期2个小时内2个员工要完成160单线上线下订单的操作，一份酸菜鱼的流程简化到1分30秒。

店面虽小，吃的都是大菜。工厂店集中制作，统一配送！支撑明星产品定位的，是年年余所采购的酸菜，均是从四川山区发货，选自当地农民家纯手工自然发酵的酸菜，其酸菜缸腌酸菜的卤汁，都超过了20年。如此的老坛酸菜发酵而成的酸菜酸爽可口，百吃不腻。所以才有年年余老坛酸菜鱼的"酸菜比鱼好吃"的广告语。

 地址：海淀区成府路27号花园美食城3楼　　电话：010-57037430

## 老坛酸菜鱼

### 番茄酸菜鱼

选用产自盐碱地番茄与少量四川山区农户手工自然发酵腌制的酸菜,配以现场老母鸡吊制鸡汤,鱼肉是温中补气养生食品,脂肪含量低,供热能低,有益气养血,柔筋利骨等功能。适于儿童、孕妇、老人及养生人群,口味较清淡。

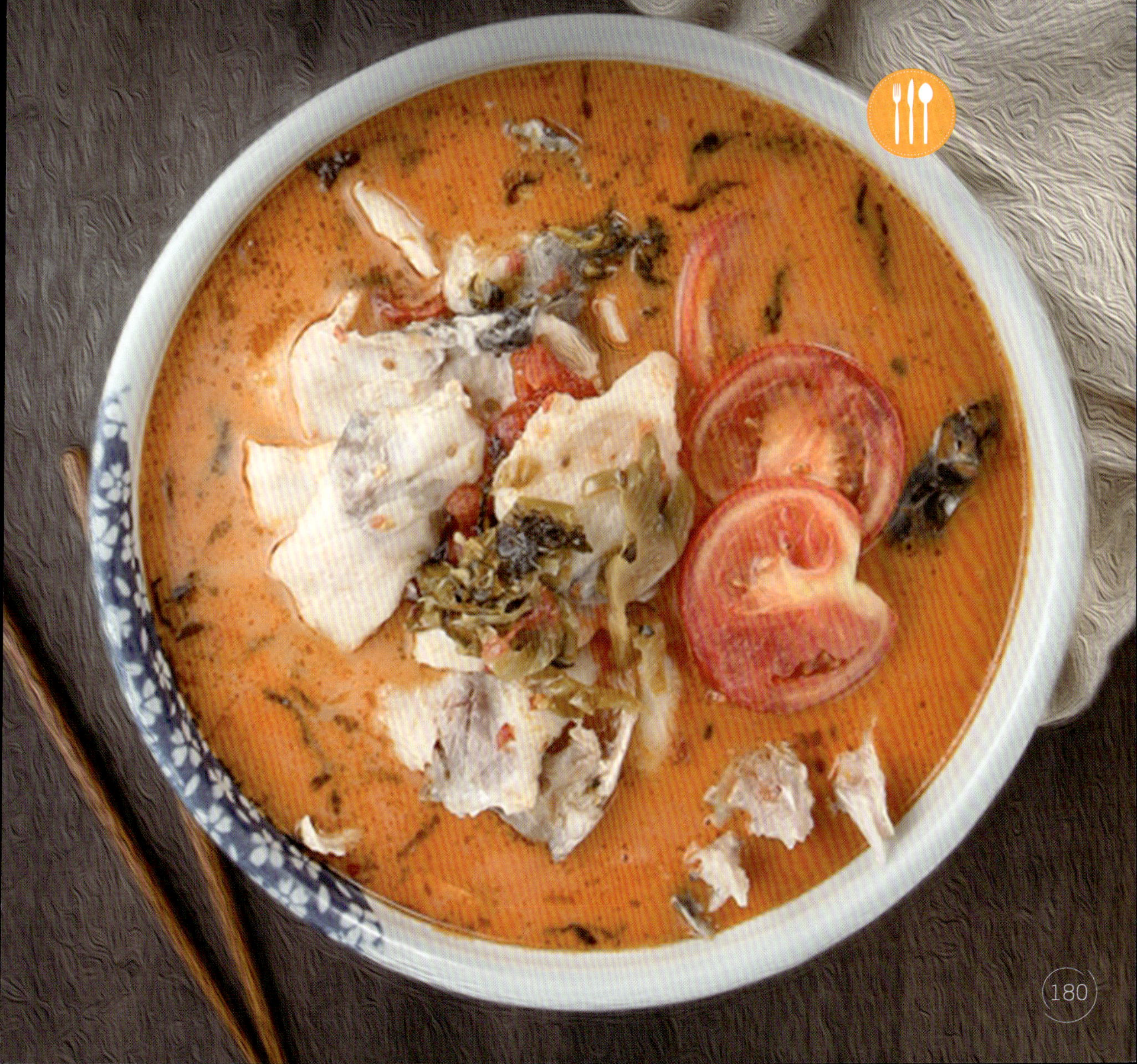

# 特色熏土鸡

精选河南固始小笨鸡，茶园散养长大，生长周期1年，每只鸡重量1.8斤左右。制作工艺繁琐，工匠师傅秘制。选用30多种香料腌制6小时，特制卤水卤2小时，老红糖腌制3分钟熏制而成。肉嫩、鲜、香，鸡皮有弹性，鸡肉有韧劲儿，熏制味道独特。

---

由北京弘涛鑫业餐饮连锁公司打造的专业饺子品牌。为咱老百姓包好吃、健康的纯手工饺子，在北京已有5家分店。

在环境上，尊重传统风格，以后现代主义理念、充满现代感的轻松风格，迎向您的视觉。

在食材上，全面坚持采用高品质食材。精选原生态黑猪肉为原料，工匠师傅们以传统工艺纯手工包制，严格按照饺子皮8克，一颗饺子23~25克之间，现点现包，不添加任何食品添加剂。绿色，健康，原汁原味，让您吃出家中味。再配上大厨们精心制作的小菜，吃起来那叫一个舒服。

地址：北京海淀区科学院南路2号融科资讯大厦B1层　　电话：010-82861798

地址：北京大兴区西红门鸿坤广场B1层　　电话：010-57452930

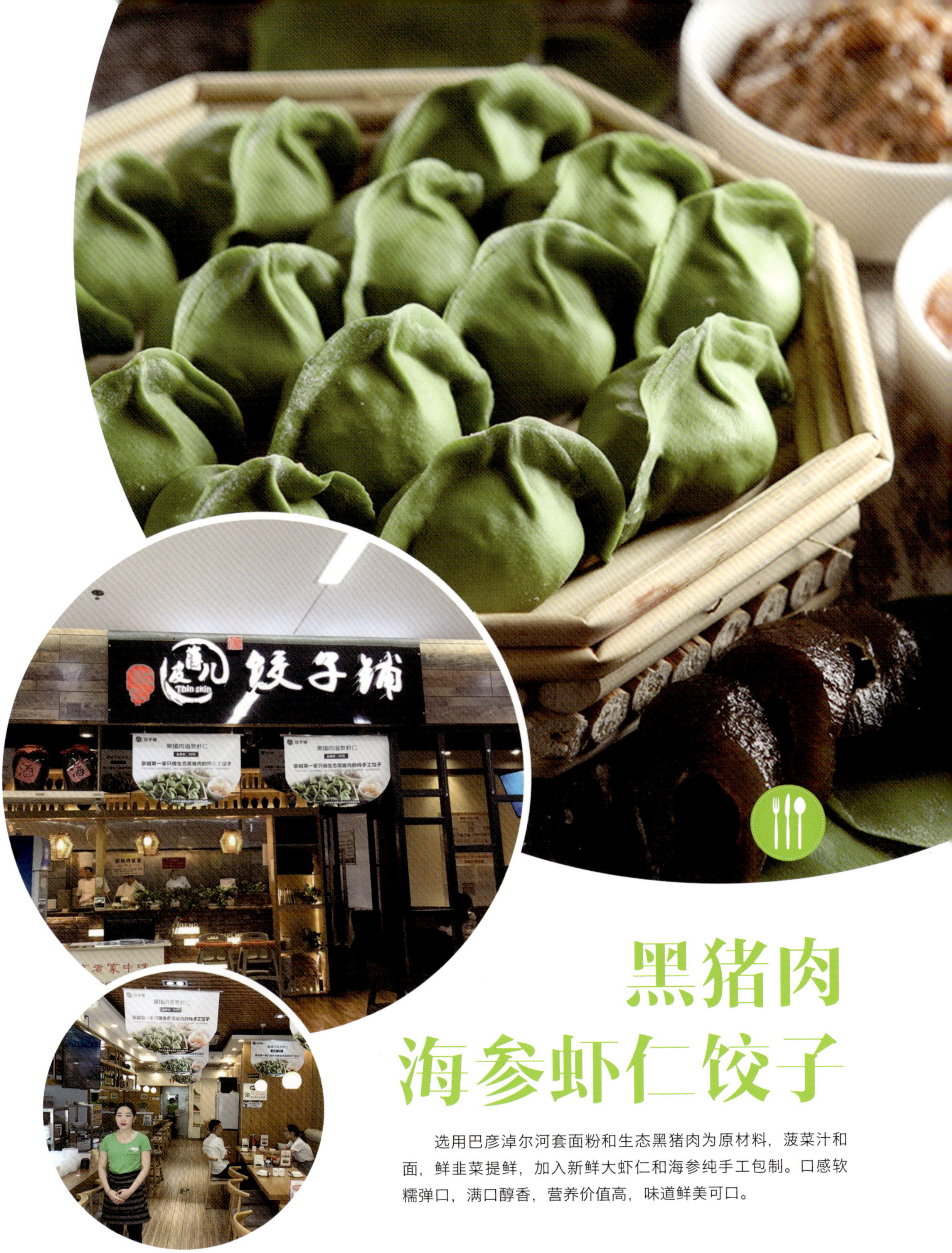

# 黑猪肉海参虾仁饺子

选用巴彦淖尔河套面粉和生态黑猪肉为原材料，菠菜汁和面，鲜韭菜提鲜，加入新鲜大虾仁和海参纯手工包制。口感软糯弹口，满口醇香，营养价值高，味道鲜美可口。

## 海盗虾饭-创始人

　　"海盗"代表着高效、专注的精神。海盗虾饭的初衷就是做"慢快餐",并不是指速度放慢,而是包含了"比起填饱肚子,美味又健康才是第一要义"的意味。

　　海盗虾饭自2015年8月成立以来,已陆续在北京开设了9家门店。因专注效率又绝不忽略品质,在朋友圈、微博、大众点评、各外卖平台好评率95%以上,媒体等也纷纷以"刷爆朋友圈的网红龙虾饭"进行报道。

**地址:** 北京市朝阳区建外SOHO东区3号楼　　**电话:** 18811349211

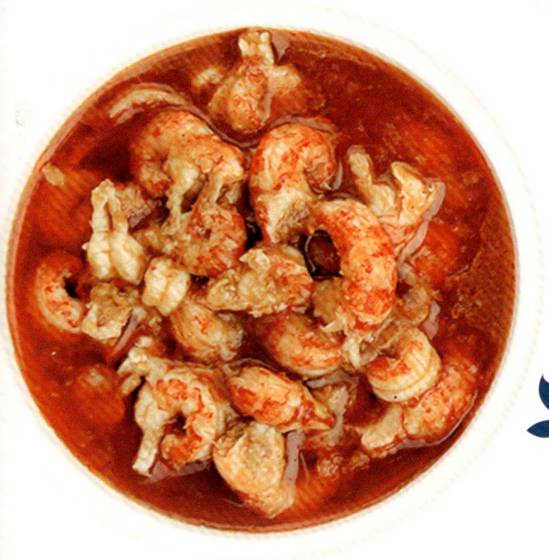

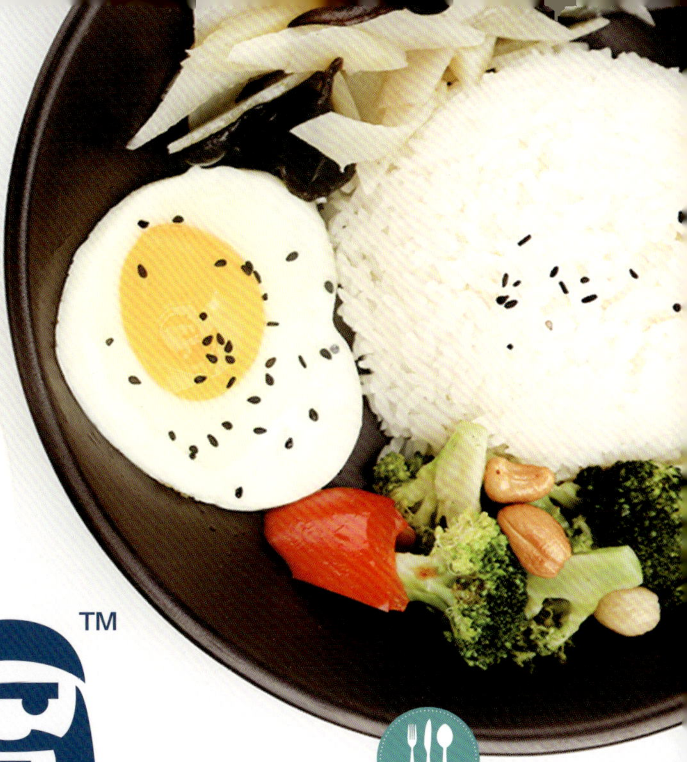

## 海盗小龙虾饭

一份饭里足有二三十只剥好的小龙虾，浸泡在淮阳大厨的秘制酱汁里。米选用东北长粒米，天然的油润有香气，青脆欲滴的西兰花再加几片甜椒，点缀芝麻和腰果，光颜值就杠杠滴。

---

## 麻辣小龙虾饭

热爱"麻小"超烦剥壳，看这里！小龙虾剥壳去虾线，用秘制麻辣酱汁炒制，热辣鲜香，搭配青笋、玉米、煎蛋……颜值营养都是妥妥滴，夏天吃这口会上瘾！

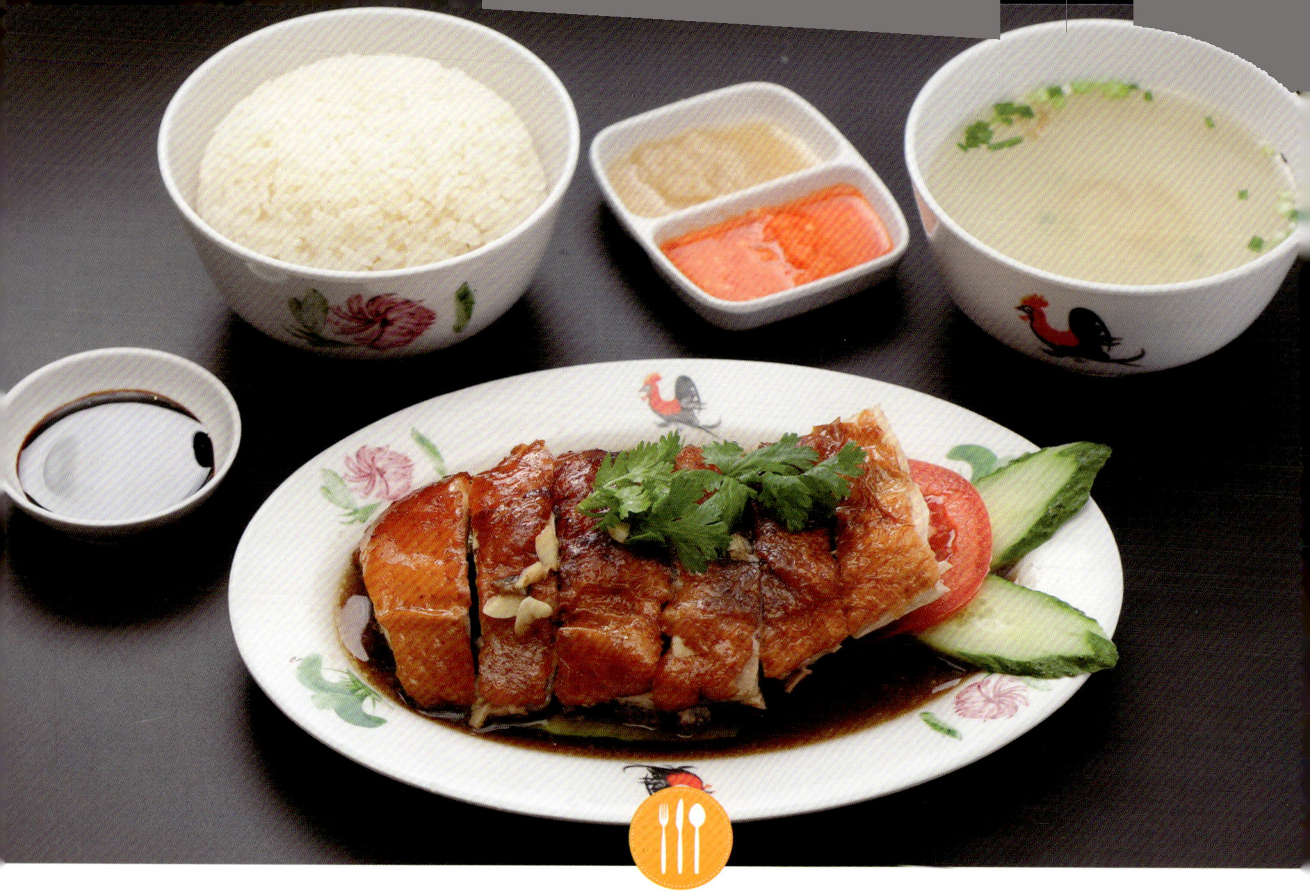

# 海南鸡饭

是新加坡人必吃的、新加坡旅游局极力推荐的地道传统美食之一。鲜嫩多汁的白斩鸡搭配一碗油光澄黄的香鸡饭，无论国籍和种族，是老少皆宜的美食。喜欢吃辣的顾客，可以蘸配好的辣椒蓉和姜蓉；喜欢吃清淡的顾客，可以直接品尝或蘸自制黑酱油来享用。

提起海南鸡饭不得不想到新加坡餐厅章记。该店自从2014年在金台路万科公园5号开业，立刻成为驻京新加坡人的聚会场所。恰值谢霆锋的12道锋味栏目中介绍到了海南鸡饭，更是给"章记"的火爆推波助澜。餐厅门口立刻被慕名而来的美食客们堵得水泄不通。时至今日"章记"已经拥有了众多的固定"粉丝"，依然是京城众多热爱东南亚菜老饕们的首选之一。"章记"的"叻沙"和"海南烧鸡饭"也是两款不应错过的、地道的新加坡美食。

**金台路店：** 北京市朝阳区金台路万科公园5号底商
电话：15718857479

**三里屯乐巴莎店：** 北京朝阳区南三里屯路1号通盈中心地下1层
电话：010-57809043

# 加东叻沙

叻沙又称喇沙（马来语：Laksa），是一道起源于马来西亚的面食料理，为马来西亚和新加坡的代表性料理。主要材料有虾羔、虾米、干葱等。

正宗的新加坡加东叻沙讲究椰浆的鲜味、鲜虾的甜味和自制辣椒油的辛辣味。汤头是以咖喱汤汁混合椰浆，口味甜、咸、辣兼而有之，是最大特色；材料则有新鲜的蛤、虾子、咖喱粉、椰浆、鱼饼、碾碎的干虾米、南姜、白果、干红辣椒、黄姜粉、香菜粉、柠檬草、胡椒粉、叻沙叶、香茅等等，再加上颜色白净的粗米粉和辣椒酱，就是一碗色香味俱全的叻沙了。加东叻沙都用瓷碗盛着，不提供筷子，只给汤匙。叻沙浓辣的口味极具挑战性，浅嚼一口，似乎耳朵里都喷出火来，味蕾完全被浓郁纠结的鲜味、辣味、咖喱味所侵占。

# 香酥鸡皮

口感风味独特，犹如鸡肉味儿的排叉儿，轻轻地掰一下"咔吱"一声。吃起来口感酥脆、唇齿留香。配以自制的花椒盐，在凸显美味的同时，更能激发你的味蕾。咀嚼后久久回味，一片接一片地吃下去，根本停不下来。不能及时品尝完的炸鸡皮也可剁碎拌与其他食材入馅，是制作家常饺子包子的不二之选。

京知味炸鸡店，"网红小店"，是2015年达哥与其小姨共同开设的店铺。借助传统工艺，选用传统京制古法调烹而成的快餐美食。

"新鲜，讲究，用心，做良心食品"这是我们经营的原则。一道特色美食的形成，是对食材和调味品的深度整合。我们使用老式蒸汽压力炸锅，用传统的方法制作最具特色的炸鸡。让食客找回记忆中的老味道。"京知味的特色，就是记忆中的老味道！"我们誓将京知味品牌打造为享誉京城的老字号！

 地址：北京海淀区交大东路41号底商　电话：13701153809/18501260777

### 招牌手枪腿

老北京炸鸡的代表性美食。表皮酥脆、柔嫩多汁的特点，让食客们欲罢不能。出锅后静置3分钟，使表皮接触空气，遇冷收缩，变得更脆。同时将汁水锁在其内部使其吃起来肉质更加弹牙。原汁原味最能凸显肉质的鲜美，也可伴以自制研磨的半碎孜然、辣椒粉。吃一口下去，肉香四溢，肉汁与顺滑的鸡肉在口中徘徊。你能做的就是接着再咬一口！

# 京知味炸鸡®

#### 记忆中的老味道

# 优粮生活
## YOU LIANG SHENG HUO

### ◀ 总经理

创始人及CEO王兴周，2001年毕业于北京航空航天大学，获得管理科学与工程系学士学位。作为一名连续创业者，老王此前先后涉足企业咨询、汽车后市场的创业项目。很重视饮食的老王，当年整日困苦于午餐问题，于是他发愿要"让辛苦工作的人吃得更好"。2010年进军外卖行业，开创"随食随递"外卖业务，并在第二年单店收入实现四百万销售额，创下行业内坪效和人效纪录；随后创立北京优粮生活科技有限公司，一举将"优粮生活"打造为业内外信赖度极高的品质连锁快餐品牌。

优粮生活在火热的互联网餐饮中，打造沉淀了6年，现已逐步成为都市白领心中认可度极高的外卖品牌，在2016年新消费品牌榜单中，排名第16；在中式快餐外卖中，优粮生活坚持家常现炒菜，为都市白领工作餐提供高性价比的产品和用心周到的用餐体验。

目前，全国连锁门店已超过100家。在北京，有超过50家门店。为保证食材优质、新鲜及口味的一致性，优粮从源头严格把控食材及运输，只为把优质美味的菜品，送到每位顾客的手中。

**地址**：北京市海淀区北四环西路52号方正国际大厦B1层
**电话**：010-51316027/37/57

# 一口嗨宇宙龙虾饭

精选产自湖北的清水小龙虾,肉质鲜嫩紧实,虾黄和着藕丁融化在饱满温润的香辣汁酱中。麻辣口味中,带着淡淡香甜丝滑,汤汁浸入米饭中,尝第一口便欲罢不能,实力圈粉正宗吃货。

## 芽菜鸡柳

选用时下新豆角、少脂的鸡胸肉。豆角炒得脆香,鸡柳松软多汁,佐以少量鲜脆的芽菜和小米椒,口感丰富,微辣鲜爽。

## 优粮套餐

套餐组合包含:糖醋里脊+干锅千页豆腐+鲜榨西柚汁。鲜嫩的鸡胸肉炸得微焦酥脆,口味柔和酸甜,与热辣的川式干锅千叶豆腐形成强烈的口味反差,不停挑逗食客的味蕾。吃得正尽兴时,来一杯冰爽的鲜榨西柚汁,这感觉真的很燃!

# 七爷清汤腩

一碗清澈清香的汤底，几块软烂劲道的牛腩，一团爽滑弹牙的幼面，几粒青翠剔透的西芹香葱，汇聚一片情缘，一段追忆，造就香江边历史悠久的经典美食——清汤牛腩面（香港传统经典美食）。

七爷清汤腩，是由陈小春和他的6个"古惑仔"朋友一起开的，因此称之为"七爷"。而陈小春却是七位爷中最后一位的大爷，有着"末之首"的地位，这主要是因为该店本是由其6个朋友首先提出来的，且颇具玩票性质，而陈小春可以说是后来偶然地参与进来。但因陈小春在几人中的名气最大，因此可以称为"七爷中的'大爷'"。

## 七爷自家秘制蒜蓉辣椒酱

坚持采用传统手工剥蒜，并严格精选优质红辣椒加以腌制，再配以新鲜特辣小红椒混合蒸煮，蒜香辣味十足。

## 招牌七爷清汤牛腩面(粉)

竹升面，广东传统面食。竹升（大茅竹竿）压面，压打出来的面具有独特的韧性。选用优质高筋粉和植物梘水，并用鸭蛋液代替水，这样制作出来的面既爽脆、弹牙，又充满蛋香，突出了筋道和爽弹的口感。

清汤，采用了大量的新鲜牛筒骨、鲜牛肉和部分药材慢火熬制。火候讲究，工艺精制，用料丰富，营养价值高。汤头清澈鲜香，益气血，补脾胃。

牛腩，坑腩加爽腩。坑腩取自牛肋条之间的腩肉，味道浓郁。爽腩又称"崩沙腩"，是牛肚皮的"腩"位，位于牛的横膈膜附近，连带着薄、软的胶质筋膜，口感爽嫩。

宫门口馒头铺,始建于2000年,以传承千年发酵工艺、纯手工揉制成型为根本,努力打造京成传统第一美食。制作出来的馒头,酵香细腻、嚼劲十足、营养丰富,深得广大顾客的喜爱,已经成为京成美食中不可或缺的一部分,注册"宫门口馒头"为商标,形成独特的品牌。

多年来宫门口馒头铺,自我提升不断创新、在原有基础上先后研发如:豆包、烤馒头、枣馒头、开花馒头、花卷等多个美食产品。宫门口馒头铺正以矫健的步伐,阔步行进在馒头界的前列。

📍 **地址:北京西城区香厂路1号**
**电话:13621098963**

### 馒头

传统工艺、面肥发酵、纯手工揉制。色泽洁白、气孔细密、嚼劲大、麦香味浓。

###  豆包

选用精选天津红小豆,加以秘制炒制工艺。包形蓬松柔软、馅心香甜、细腻。

## 花卷

采用优质小麦粉,纯手工制作。口感松软绵弹、搭配秘制配料、层次分明、咸香适口。

## 开花馒头

面粉与纯碱的完美结合。色泽微黄、花型自然。

## 枣馒头

掌控食材比例配置,均衡营养,纯手工制作。色泽金黄、酥软香甜、口感细腻。

## 烤馒头

选用优质面粉,加以独特工艺、精心烤制。嚼劲十足、外焦里嫩。

# 鲜肉灌汤煎包

所谓"灌汤煎包"者,汤汁充盈,鲜香浓郁。食之须轻咬细啜,候口而食也。更有饕餮者以陈醋佐之,辅之以汤羹。如此,可和其戾气,郁其鲜香,始臻化境。

其面,底酥面软,薄韧莹滑,复覆之以芝麻和香葱增香提色;
其馅,液汁充盈,香而不腻,回味咸鲜,余韵悠长。

## 牛肉粉丝汤

独具特色口味，独家配方，微辣醇香；红薯粉丝，配以六种不同的蔬菜和豆制品，口感丰富，营养搭配。自制的香卤牛肉，肉香丰满、软而不散。

汤，微辣醇香；肉，丰满软糯。

## 煎师傅灌汤煎包护国寺店

### 煎师傅 JIĀN|SHĪ|FÙ

煎师傅灌汤煎包护国寺店于2016年11月份开店纳客，至2017年6月份止，平均每日接待超过300位食客用餐，制作的各色煎包数量超过了360000只。公司目前已开设10家直营店，并配建1个配送中心。公司以"惠民"为经营理念，以"热迎八方客、煎包口留香"的建店初心，以惠民的价格和匠心制作的产品，热情周到地为广大食客服务。

 地址：北京西城区新街口南大街149号　电话：13810054977

# 满姐饺子

Mǎn Jie Dumpling

满姐,京城饺子王、高级中式面点师,"满姐饺子"和"馅老满"品牌创始人。匠人匠心15年,坚持纯手工做饺子,用独特的烹饪手法创造出味道绝佳的饺子。梦想把美味传遍全世界,传进千万家。

# 满姐干烧鱼

精选新鲜鲤鱼,用冬笋丁、香菇丁、五花肉丁等上好食材精心烹制。烹饪过程复杂,火候讲究,对厨师的技艺有一定要求。满姐干烧鱼颜色红亮、外焦里嫩、风味独特,是本店的特色菜。爱吃鱼的您一定不要错过。

## 满姐招牌饺子

被誉为"北京最好吃的饺子",精选优质猪肉、韭菜、鸡蛋、木耳,搭配新鲜大虾仁。全程手工制作,秘制高汤手工打馅儿,手工揉面、揪剂子、擀皮儿、包制,皮如白玉馅如翠,馅大汁多,堪称一绝。

德胜门店:北京西城区德胜门内大街148号    电话:010-83288867
平安大街店:北京东城区东四十条乙34号    电话:010-64011167

# 曲家饺子

  曲家饺子成立于2012年10月，开业之初便确立明确目标，立足弘扬中华饮食文化，创造餐饮产业知名品牌，以连锁经营的理念发展前行，打造百家连锁，致力于为广大的消费者打造真正的绿色美味食品，结合最前沿的NLP商战智慧，为更多的打工者提供一个可以发展的平台。

  曲家平台是由曲家饺子餐饮有限公司打造的中式餐饮升级品牌。面向吃货们的有"曲家饺子"美食版图。

  曲家中餐全新的就餐体验，几十种菜品、主食任您选择，坚守味道是菜肴的灵魂。强调新鲜、健康、低脂，正符合现代人注重养身的轻食潮流。

 **地址：** 北京东城区朝阳门外大街18号丰联广场B2层　　**电话：** 17744478771

## 曲家一口香

大虾仁营养丰富，含有20%的蛋白质，是蛋白质含量很高的食品之一。是鱼、蛋、奶的几倍甚至十几倍，与鸡蛋、香菜搭配，营养丰富，口味鲜香，味道鲜美。

## 洋葱木耳

东北黑木耳具有清肺、补气血、减肥、防癌、治便秘、清肠胃的功效；洋葱具有、杀菌、促进消化、降血压、降血脂、防癌、抗癌、延缓衰老、补钙的功效。

### 蛋黄酥

　　蛋黄酥是色、香、味俱全的传统中式点心。口感层次分明，皮薄馅足，外皮酥脆浓香，馅料绵软细腻，蛋黄咸酥。一口咬下去沙沙的，配上专供蛋黄自带的蛋油，吃完以后意犹未尽，口齿留香。

### 老婆饼

　　经典产品，好吃不贵，口味多样，性价比高，外酥里嫩，香气四溢。老婆饼是本店主打产品之一。制作手法娴熟，口感甜度适中，有紫薯、糯米、豆沙三种口味可供选择，刚出炉老婆饼绝对是日常零食的不二之选。

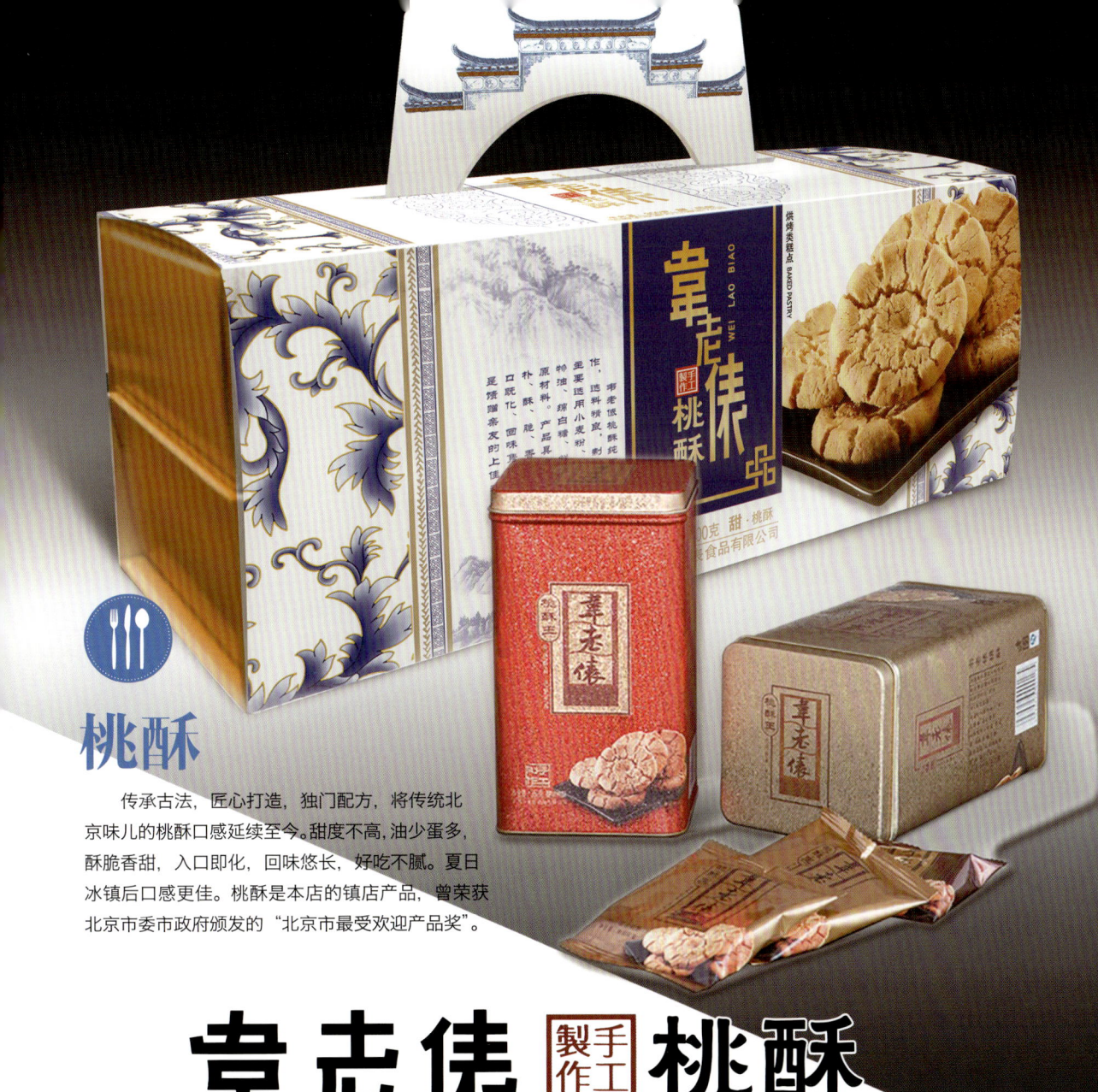

## 桃酥

传承古法，匠心打造，独门配方，将传统北京味儿的桃酥口感延续至今。甜度不高，油少蛋多，酥脆香甜，入口即化，回味悠长，好吃不腻。夏日冰镇后口感更佳。桃酥是本店的镇店产品，曾荣获北京市委市政府颁发的"北京市最受欢迎产品奖"。

# 韦老俵 手工製作 桃酥
## WEI LAO BIAO

  2001年，韦和基先生在北京开设了第一家"桃酥"专卖店。2004年底，注册了"韦老俵"商标，成立了"北京市韦老俵食品有限公司"。主要以传承和弘扬中国传统道教茶点"宫廷桃酥"为宗旨，同时吸收和发展西式糕点的现代精华。为您提供一个领略中西食品文化相结合的平台。

  公司产品"用料讲究、制作精良、色形俱佳、美味可口、营养丰富"，深受广大消费者的亲睐。2011年，"韦老俵桃酥"被北京市农委、北京市政府农办授予"最受欢迎产品奖"。2013年，北京电视台做了一期月饼糕点大PK节目，"韦老俵桃酥"通过层层评审，最终赢得第一名。

沙子口店：北京东城区永定门外沙子口路8号　　电话：010-87256682
方庄店：北京丰台区方庄市场一楼F1033　　　　电话：010-67674072

# 园宝饺子
### 素馅更健康
### yuanbao jiaozi

园宝饺子为继承和发扬饺子文化，自创业伊始，公司便将"弘扬传统文化，振兴中华美食"作为企业使命，与国人共同分享吃饺子时的那份幸福。

公司以绿色健康的饮食理念、独特美味的口感和优质的服务，迅速地赢得了广大消费者的认可和赞誉。园宝现拥有水饺、蒸饺、汤饺三大系列，其中"纯白菜"水饺，以独特的口味、健康的品质于2011年7月荣获了"中华名吃"称号。

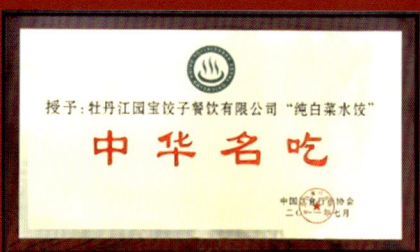

**中华名吃**
纯白菜水饺

## 纯白菜水饺

镇店招牌水饺，荣获"中华名吃"奖项。精挑细选，三斤白菜一斤馅儿，源自田园，回味自然，口感细嫩鲜香，皮薄爽滑，馅料饱满。

西客站店：北京海淀区北蜂窝路102号　　电话：010-63958949
潘家园店：北京朝阳区潘家园街道华威西里34号　　电话：13651126638

# 素三鲜

翠绿的韭菜与新鲜的鸡蛋相混合,再搭配鲜嫩的大虾,也就是这个馅料的重点——素三鲜。鸡蛋结合韭菜,香而不辛;虾仁搭配韭菜,鲜而不腥。极品的搭配,美妙的享受。

# 萝卜虾仁粉丝蒸饺

萝卜、白菜各有所爱,馅料搭配精妙,调制出鲜美的味道。萝卜独有的香味搭配虾仁的咸鲜,以粉丝作为二者的纽带,将美味完美的结合。入口之后,给味蕾带来无以伦比的享受。

　　自鼎泰丰北京首家店，面积约1000平米的渔阳店2004年开店至今，已经发展成广大美食爱好者、各界名流所喜爱的餐厅。作为地处世界政治文化中心北京的鼎泰丰，是世界了解鼎泰丰、通过鼎泰丰了解传统中华文化的窗口。春节的八宝饭、端午节的粽子、中秋节鼎泰丰自己的传统月饼，还有北京特有的玉脂冰清、用阳澄湖大闸蟹做的蟹粉小笼包，都让鼎泰丰在北京闪亮。

# 玉脂冰清

# 蟹粉小笼包

　　小名杏仁豆腐，用当年的新鲜杏仁，纯手工制作，香甜馥郁回甘。北杏浓香但味苦，南杏虽甜但香气不足，将两种杏仁以秘籍取量搭配。去皮、磨粉、成浆，再由两位强壮的师傅轮流反复搅打，冷却、成型，若干小时后杏仁豆腐新鲜出品。2.5厘米的方块，轻触表面颤若水嫩肌肤，入口Q弹爽口，每天只能出品40份玉脂冰清甘滑柔嫩、冷香饶舌，是鼎泰丰又一倾尽心力的凝聚了真诚的甜品。

　　选用阳澄湖大闸蟹的蟹黄，当天炒制，由此做的小笼包，味更鲜、道更美，美不胜收。每年的9～12月是阳澄湖大闸蟹的丰收季，这时的蟹粉小笼包可说是小笼包中的极品。外皮均匀、内馅实在，轻轻咀嚼品尝，汤汁四溢，鲜美的滋味令人口齿留香，搭配着姜丝蘸醋，衬出了蟹粉独特的味道。

 地址：北京朝阳区东大桥路9号侨福芳草地LG2-20　　电话：010-85626583

DIN ディン　　TAI タイ　　FUNG フォン

## 蟹粉豆腐煲

鼎泰丰的蟹粉豆腐煲浓郁醇香。所用蟹粉是由12个工人历时8小时，从10公斤的阳澄湖大闸蟹里拆出2.5公斤的新鲜蟹粉。浓蓉的蟹黄汁包容了嫩嫩的豆腐（秘制鸡蛋豆腐），又细又滑，满口的蟹黄留香，萦绕舌尖久久不散。

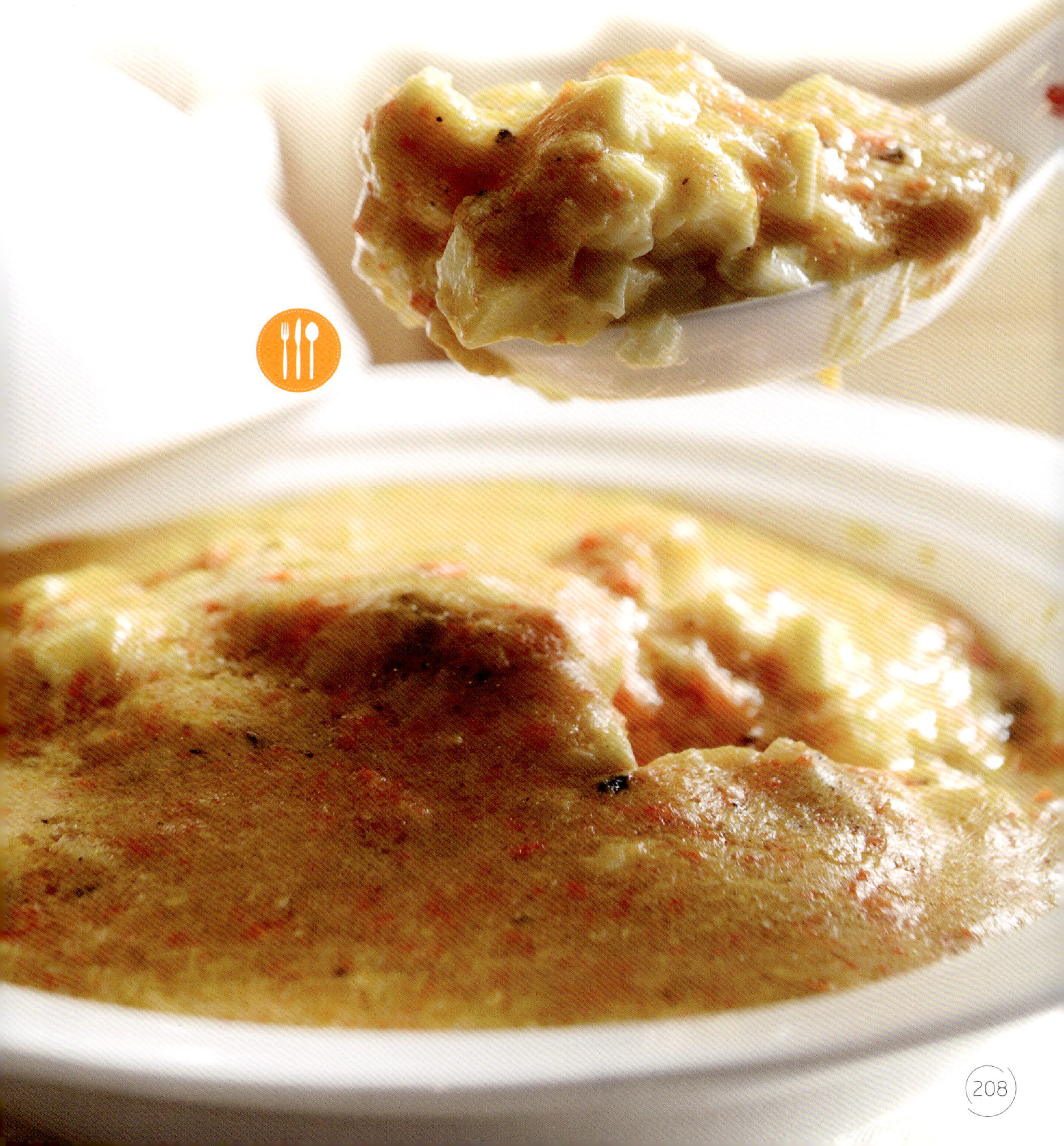

## 麻辣鸡丝凉面

面条按自家配方压制，不放化学添加剂，入口爽滑有嚼劲；鸡丝部分采用鸡腿肉，入口嫩滑；麻辣汁料由30多种配料炒制，工序复杂，辣而不燥，味道香醇。

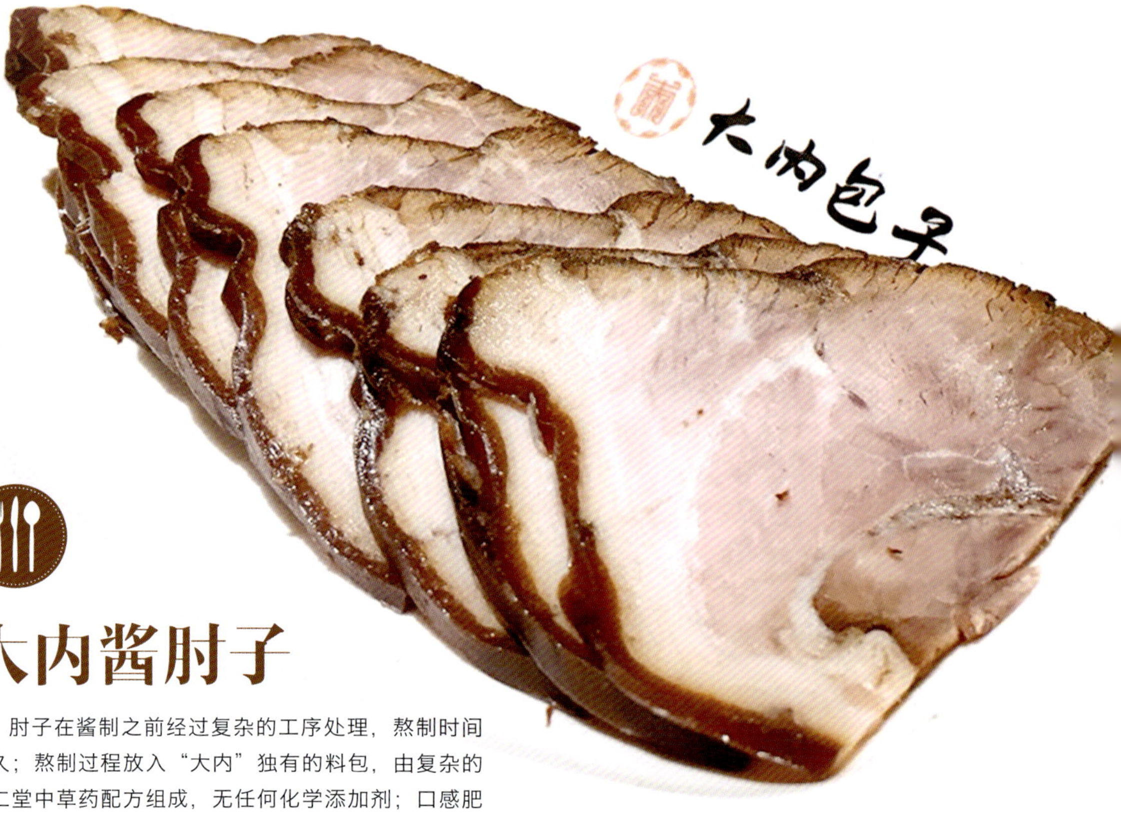

*大内包子*

## 大内酱肘子

肘子在酱制之前经过复杂的工序处理，熬制时间长久；熬制过程放入"大内"独有的料包，由复杂的同仁堂中草药配方组成，无任何化学添加剂；口感肥而不腻，入口即化，无肉腥味，老少皆宜。

## 大内包子

### 三鲜包子

面皮是古法老肥发面，馅料肉质部分采用不同部位七分瘦肉、三分肥肉配比，拒绝用冻鲜，现制现售；汤汁按老配方同仁堂中草药熬制，香醇且不腻口；每一个包子里面都含有一整颗开背去虾线的青虾仁，鲜美可口。

"大内包子"源于宫廷菜，店内所有菜品配方及制作方法均由宫廷菜传人传授。巧妙地将宫廷菜的精雕细琢与现代人快捷的生活节奏相融合，取自名字"大有内容"，增加了其古老的神秘色彩，同时将北京四合院胡同文化纳入其中。

"大内包子"一直秉承"做最放心食材的企业"的宗旨。"大内包子"承诺：所有的菜品均无鸡精、无味精、无任何化学添加剂；所用油均为正规渠道购买的非转基因食用油；包子的汤汁由同仁堂中草药熬制、按老配方炮制；包子肉馅全部自加工，选料讲究，肉质新鲜；包子的面皮是古法老肥发面，手工制作，薄皮大馅，每个包子均有18个褶。我们带您体验正宗的宫廷味道。

地址：北京东城区交道口南大街134号
电话：010-84017889/13910158956
地址：北京海淀区北三环西路满庭芳园小区南门出口
电话：010-62119980/13601330008

# 星岛蜜汁牛肉粒

这道菜原本是新加坡五星级酒店的名菜，被素直大厨用素食演绎。一切来自大地的主辅料遇到黄油和黑胡椒时，瞬间擦出火花，仿佛大地的味道被赋予了星空的感觉。入口细品，香甜的蜜汁如月光般丝滑，点点黑椒散发出淡淡的辣，就如同星空的浩大。这道菜继承了国际化的时尚口感和质感的同时，又摒弃了三高的负担，素厨素心素口味，成就了素直的招牌菜。

　　是京城著名的纯净素食餐饮连锁品牌，由冼冬女士于2011年创立。她积累了多年的素食餐厅经营与素食文化推广的经验，面向中高端市场，致力打造"京城素食第一宴"。

　　素直餐厅本着健康、环保、慈悲的理念，推广素食。素直餐厅环境禅意清雅；菜品注重食材健康，口味丰富独特，出品精美服务贴心。

**南新仓店：** 北京东城区东四十条南新仓商务大厦一层东侧
电话：010-52185148/13241345561

**丽都店：** 北京朝阳区将台路6号丽都饭店B座三层
电话：010-64353697/15650755776

# 素直

## 无名火豆腐

这道菜用锡纸将食材裹在中间，上桌后浇上酒点燃，锡纸受热鼓得很圆。烈焰燃烧，犹如人生"贪、嗔、痴"三毒，熄灭这三毒获得正等正觉的智慧。然后用刀划开锡纸，瞬息之间，如蒸汽般的热浪带着九层塔的香气蒸腾四散，芬芳使人垂涎。这道菜凭借有趣的食用顺序，豆腐的Q弹细腻，春笋的脆爽鲜意，九层塔的香味扑鼻，遂成为素直一大特色，是素直发展六年来，备受好评的一道经典。

## 铁板水中花

这道菜的特色之一在于器皿，如铁锹般的器皿烧得火热，食材倒在上面，这一刻菜的味道被彻底激发，混合有孜然、辣椒的酱汁香味瞬间扑鼻，让人忍不住拿起筷子。

放入口中细细品尝，素腊肠有不输真腊肠的口感和质地，配上鲜嫩的波士顿奶油生菜，两者结合，有层次的口感，宛如才子与佳人，荷塘与月色，仿佛吃的不是菜，而是一道风景。

### 金汤碧玉豆腐

自制南瓜酱汁做汤，色泽金黄，汤中包含四方豆腐一枚，将菠菜碎附在表面，顶端覆盖蟹味菇、白玉菇、蘑菇。入口馨香四溢，齿颊留香。

### 糖醋面筋

面筋虽未餐桌常物，但这糖醋面筋就不一样了口感松脆、柔绵、酸甜入味。

---

"莲花空间·美蔬馆"倡导"蔬食主义"，一流的厨师团队，坚持味、香、色、形的出品理念，同时注重菜品营养搭配和人体的消化与吸收。崇尚淡雅、健康，期望将这种自然、时尚的饮食观念传递给每一位朋友。

店堂内檀香袅袅，墙面涂料由日本进口北海道海藻泥打造，个性中更有养生之说。环境总体淡泊清雅，空间禅意十足。从字画到家具到每一个精巧的大小摆设，件件精品。所有的硬件营造出的并不是华美殿堂，而是简捷、放松、不做作的禅境感受，让人觉得艺术美的陶冶和体验与餐饮的整体体验是一致的，融合成一种心静如水的和谐意境……

地址：北京东城区建国门外大街1号国贸商城北区NL4006　　电话：010-85274868

# 孜然串串香

一道素食佳肴，精选猴头菇，加入孜然、淀粉等十多味辅料，原料切块每块控制在15克以内。菜品色泽亮艳，口感油而不腻，同时还有提高免疫力、抗衰老等药膳价值，实乃餐桌佳品。

莲花空間

美蔬館
Lotus.com

## 杏鲍菇炒秋葵

杏鲍菇外焦里嫩秋葵滑润不腻,口感极佳,并且秋葵含有丰富的维生素C,不但可以美容养颜,还可以起到降糖降脂的功效。

斋香园,为素而生,因善而立,偏居一隅,闹中取静。踏入其中,山水相迎,远离都市之喧嚣,寻求心灵之宁静。淡淡雅乐流淌耳畔,微微禅意伴随心间,以素养身,以静养心。邀三五好友,品一壶茗茶,叙友结缘,不亦乐呼!无五荤、无五腥、无味精、无色素,还原天然食材之本色。无烈酒、无香烟、无浪费、无喧闹,静享素食之魅力。更有妙厨,精心烹制,色味俱佳,护生向善。真是"心拂竹花满店香、一桌佳肴请客尝"。

地址:北京朝阳区安贞西里二区17号楼莱安商务楼底商　　电话:010-64416566

# 养生麻山药

口感松软香甜，汤汁更是温胃润肠。山药能促进睡眠的改善，心情愉快，充满活力，显得年轻，使人胃口好，获得健身强体，延缓衰老的效果。

# 糖醋素排

这是斋香园一道经典的仿荤菜，面筋为肉，藕为骨。鲜香味浓，明汁亮芡，咸鲜中略带一点微甜，不但形神皆似，而且非常有嚼劲。此菜具有滋阴养血的功效，可以补五脏之虚、强壮筋骨、补血养血。

# 后记

"感谢父母赐给我宝贵的生命，感谢天地赐给我生存的空间……感谢生命中所有的一切……"儿子学国学时每餐前必说的一段话，那时还想让三五岁的小孩在餐前说这话有何意义，只知道有信仰的人餐前才会先感恩，现在我却觉得生活中处处都需要感恩。感恩更应该成为一种习惯，从娃娃抓起很必要。

其实，吃这件事很重要，关乎生命，但如果能感恩的吃才会更有幸福感。

我们曾拍摄过2000多家餐厅，他们不仅为百姓奉献美食，还要遵守节目组规则，为观众送上免单福利。三年多观众共获得福利价值700多万元，也无法计算多少位观众吃过餐厅通过我们送出的"霸王餐"。餐饮是勤行，辛苦自不必说，还要受煎熬。尤其是传统中餐的后厨，夏季热锅热灶炙烤简直无法容身，对他们怎能不感恩？

《美食地图·一探到底》国内外观众大概应有几千万，他们爱美食，更爱中国美食，骨头缝里都爱。民间侦探、吃货团是代表人物活跃在节目中，让节目多了好多双眼睛，还有默默支持者，他们参与免单福利的一片赤诚之心，洋溢在吃友圈的各种评价，吃货的本色也一览无余，感恩有他们。

感恩机遇，让我专心做《美食地图·一探到底》，感恩我的团队，大家和谐而美好，由门外汉成为专业能手，获得多个全国大奖，微信公众号突破70万，创新花样不断翻新，才让观众能实实在在看到美食的真相。

感恩我的领导、师长、家人以及所有对本书提供各种帮助的朋友们。

好书和美食一样不可辜负，真心感恩生命中的一切。

于 莉

2017年9月